T0209538

essentials

essentials liefern aktuelles Wissen in konzentrierter Form. Die Essenz dessen, worauf es als „State-of-the-Art" in der gegenwärtigen Fachdiskussion oder in der Praxis ankommt. *essentials* informieren schnell, unkompliziert und verständlich

- als Einführung in ein aktuelles Thema aus Ihrem Fachgebiet
- als Einstieg in ein für Sie noch unbekanntes Themenfeld
- als Einblick, um zum Thema mitreden zu können

Die Bücher in elektronischer und gedruckter Form bringen das Expertenwissen von Springer-Fachautoren kompakt zur Darstellung. Sie sind besonders für die Nutzung als eBook auf Tablet-PCs, eBook-Readern und Smartphones geeignet. *essentials:* Wissensbausteine aus den Wirtschafts-, Sozial- und Geisteswissenschaften, aus Technik und Naturwissenschaften sowie aus Medizin, Psychologie und Gesundheitsberufen. Von renommierten Autoren aller Springer-Verlagsmarken.

Weitere Bände in der Reihe http://www.springer.com/series/13088

Andrea Hüttmann

Erfolgreiche Präsentationen mit PowerPoint

Mit wertvollen Tipps und Tricks

Andrea Hüttmann
accadis Hochschule Bad Homburg
Bad Homburg, Deutschland

ISSN 2197-6708   ISSN 2197-6716   (electronic)
essentials
ISBN 978-3-658-22142-3   ISBN 978-3-658-22143-0   (eBook)
https://doi.org/10.1007/978-3-658-22143-0

Die Deutsche Nationalbibliothek verzeichnet diese Publikation in der Deutschen Nationalbibliografie; detaillierte bibliografische Daten sind im Internet über http://dnb.d-nb.de abrufbar.

Springer Gabler
© Springer Fachmedien Wiesbaden GmbH, ein Teil von Springer Nature 2018

Gedruckt auf säurefreiem und chlorfrei gebleichtem Papier

Springer Gabler ist ein Imprint der eingetragenen Gesellschaft Springer Fachmedien Wiesbaden GmbH und ist ein Teil von Springer Nature
Die Anschrift der Gesellschaft ist: Abraham-Lincoln-Str. 46, 65189 Wiesbaden, Germany

Was Sie in diesem *essential* finden können

- Erläuterung grundlegender Vorab-Überlegungen
- Darlegung der konzeptionellen To-dos
- Eine Guideline für das Anfertigen eines effektiven Foliensatzes
- Erfolgserprobte Tipps rund um das Präsentieren
- Beispiele aus der Praxis

Vorwort

PowerPoint ist aus unserem Alltag nicht mehr wegzudenken. Wo auch immer wir uns aufhalten – es droht die Gefahr, einer Präsentation ausgesetzt zu werden. Häufig bedeutet dies Orientierungslosigkeit, Zeitverschwendung, wenig Erkenntnisgewinn, denn kaum jemand beherrscht den effektiven Einsatz von PowerPoint wirklich. An sich ist es jedoch ein vernünftiges Programm, mit dem man unkompliziert hilfreiche Visualisierungen erstellen kann...

An der accadis Hochschule, an der ich seit vielen Jahren den Fachbereich *Communication Skills* leite, unterrichten wir das effektive Präsentieren. Die Art, wie wir das tun und das Ergebnis dessen zeigen uns: Erfolgreiche Präsentationen mit PowerPoint sind kein Hexenwerk. Wer die wesentlichen Grundsätze berücksichtigt und ein wenig Kreativität ins Spiel bringt, kann bei seinen Zuschauern punkten.

Das vorliegende *essential* richtet sich an PowerPoint-Anfänger und -Erfahrene. Einsteiger lernen das effektive Präsentieren von Beginn an; Erfahrene können ihre bisherige Herangehensweise überdenken und Anregungen sammeln. Der Kontext, aus dem Sie kommen, ist irrelevant, denn PowerPoint ist universell einsetzbar und seine Nutzer müssen – egal, wo sie auftreten und was sie zu sagen haben – dieselben Regeln beachten.

Mein Dank gilt den vielen jungen Menschen, die ich bis heute während ihres Studiums begleiten durfte. Sie zeigen jedes Jahr von neuem, dass das Präsentieren mit PowerPoint irrsinnigen Spaß machen sowie kurzweilig und effektiv sein kann. Verlassen auch Sie den ausgetretenen Pfad der PowerPoint-Ineffektivität und erstellen Sie mutig spannende und wirksame Präsentationen. Ich wünsche Ihnen dabei viel Freude!

Andrea Hüttmann

Inhaltsverzeichnis

Einleitung

Vom Vorstand zur Kita-Leitung, vom mittelständischen Geschäftsführer zum Schuldirektor, vom Unternehmensberater zum Vereins-Vorstand – alle arbeiten mit PowerPoint, um Kundentermine, Elternabende, Jahreshauptversammlungen zu gestalten. Präsentieren ist die moderne Form der Rhetorik: Wir halten keine Reden mehr, wir präsentieren. Im Privaten und im Job sowieso – Meetings, Vorträge, Konferenzen ohne PowerPoint? Undenkbar! So weit so gut. Das Problem an der Sache? PowerPoint wird universell voraus- und eingesetzt, doch nirgendwo gelehrt. Das Ergebnis: Jeder bringt es sich im Selbststudium bei und sammelt im Alltag Erfahrung mit denjenigen, die es auch nicht beherrschen. (Und mit *beherrschen* meine ich nicht die technische Seite – die ist nicht besonders kniffig und kann von jedem selbstständig erlernt werden –, sondern die Fähigkeit, eine Präsentation konzeptionell und inhaltlich logisch aufzubauen sowie Folien zu gestalten, die dem Zuschauer das Verstehen der präsentierten Materie erleichtern.) Ein paar grundlegende Dinge laufen dabei meist schief: Wir gehen in der falschen Reihenfolge vor und gestalten Folien, bevor ein Konzept für unseren Vortrag steht. Wir vernachlässigen die Funktionsweise des menschlichen Gehirns. Wir gestehen der Technik mehr Bedeutung zu als uns Präsentierenden.

Lassen Sie sich in diesem *essential* von mir zeigen, wie Sie wirksame PowerPoint-Präsentationen erstellen können. In Kap. 2 stelle ich ein paar grundlegende Dinge klar. In Kap. 3 mache ich Sie mit den konzeptionellen Entscheidungen vertraut, die Sie im Vorfeld treffen müssen. In Kap. 4 erkläre ich, wie das Gestalten effektiver Folien im Detail funktioniert. Ein überschaubarer Katalog von Tipps bezüglich Ihres Auftritts rundet meine Anleitung ab (Kap. 5).

© Springer Fachmedien Wiesbaden GmbH, ein Teil von Springer Nature 2018   1
A. Hüttmann, *Erfolgreiche Präsentationen mit PowerPoint*, essentials,
https://doi.org/10.1007/978-3-658-22143-0_1

Was Sie auf jeden Fall über das Präsentieren wissen sollten

2

2.1 Eine Präsentation ist ein Darstellungsmodus, nicht mehr und nicht weniger

Die Omnipräsenz von PowerPoint an sich ist schon problematisch. Schwieriger noch wird die Sache, da wir versäumen, uns mit den wirklich wichtigen Fragen zu beschäftigen: Was ist der Anlass meines Auftritts? Wer sind meine Zuschauer? Was will ich eigentlich sagen? Stattdessen testen wir Schriftarten und versuchen uns in Smart Arts, beschäftigen uns mit Farben und Animationsvarianten oder suchen stundenlang Bilder, die später kaum eine Relevanz haben.

Lassen wir also die Kirche (bzw. PowerPoint) im Dorf. PowerPoint ist ein Darstellungsmodus, nicht mehr und nicht weniger. Das Programm gibt uns die Möglichkeit, unsere Reden und Vorträge visuell zu untermauern – hierzu eignet es sich hervorragend, vorausgesetzt man weiß, wie das Ganze funktioniert. Mehr zu leisten ist es allerdings auch nicht imstande, für mehr war es auch nie gedacht. Wir müssen unsere Vorträge ganz ohne Unterstützung durch PowerPoint schreiben, strukturieren, konzipieren, und zwar lange bevor wir an die visuelle Untermalung denken. Das Gute daran – wir erkennen wieder, was das Wesentliche einer Präsentation ist: Wenn sie gelingen will, muss sie auf einem durchdachten, vernünftig strukturierten und Ziel-orientierten Konzept basieren. Die gestalteten Folien sind lediglich verstärkendes Beiwerk, untermauernde Hilfestellung, erleichternde Unterstützung. Nicht mehr und nicht weniger.

© Springer Fachmedien Wiesbaden GmbH, ein Teil von Springer Nature 2018
A. Hüttmann, *Erfolgreiche Präsentationen mit PowerPoint*, essentials,
https://doi.org/10.1007/978-3-658-22143-0_2

2.2   Eine nachvollziehbare Struktur ist das A und O

In den häufigsten Fällen fehlt den Zuschauern in Präsentationen eine klare Linie. Viele Präsentierende zeigen eine Agenda, nehmen jedoch niemals wieder auf diese Bezug. Andere kündigen ein Vorgehen an, an das sie sich nicht halten. Dritte schließlich starten ganz ohne Plan und nehmen ihre Zuschauer mit auf eine verwirrende Reise… In allen Fällen verwendet der Zuschauer einen Großteil seiner Aufmerksamkeit darauf, nach Orientierung stiftenden Anhaltspunkten zu suchen. Der Mensch aber braucht Orientierung, einen Fahrplan, ein Gerüst. Wo sie ihm nicht gegeben ist, sucht er nach ihr. Wir müssen unsere Vorträge also nicht nur logisch strukturieren, sondern unsere Zuschauer unbedingt von dieser Struktur in Kenntnis setzen. Darüber hinaus müssen wir auf die angekündigte Struktur regelmäßig Bezug nehmen, damit unser Publikum diese im Bewusstsein hält und sie ihm als Leitfaden dient. Eine transparente Struktur ähnelt einem Regal, in dessen mit Etiketten versehene Fächer unser dankbarer Zuschauer Informationen ablegen kann.

2.3   Unser Gehirn kann viel, aber nicht alles

Einer der ausschlaggebenden Gründe für die Ineffektivität vieler Präsentationen ist ihre mangelnde Gehirn-gerechte Ausgestaltung. Das mag uns zunächst wundern, gilt unser Gehirn doch als Wunderwerk der Evolution, dessen potenzielle Möglichkeiten wir nicht im Entferntesten zu nutzen scheinen. Wieso sollte unser Gehirn also bei einer PowerPoint-Präsentation an seine Grenzen kommen? Nun, unser Gehirn kann viel, aber nicht alles. Und als Präsentierende fordern wir von den Gehirnen unserer Zuschauer ständig Dinge, zu denen diese schlichtweg nicht in der Lage sind (siehe Abb. 2.1). Zuvorderst: Unser Gehirn ist, wenn es um Aufmerksamkeit fordernde Tätigkeiten geht, nicht Multitasking-fähig (vgl. Medina 2013, S. 91–93). Wir verlangen von unseren Zuschauern aber, dass sie Folien lesen oder entschlüsseln und zugleich einem Text lauschen, der wenig mit dem Folieninhalt zu tun hat. Darüber hinaus verfügt unser Kurzzeitgedächtnis nur über eine begrenzte Zahl an zu besetzenden Plätzen (vgl. Medina 2013, S. 264). Wir überfüttern unsere Zuschauer jedoch mit einer Fülle an Informationen, die dieser Speicher gar nicht aufzunehmen imstande ist. Drittens tut sich unser Gehirn vergleichsweise schwer damit, Schrift zu decodieren und die mittels Schrift transportierte Botschaft zuverlässig zu speichern. Bilder bzw. bildhafte Gestaltungen hingegen werden unmittelbar decodiert und wesentlich länger erinnert (vgl. Medina 2013, S. 265–277). Warum also konfrontieren wir unsere Zuschauer mit

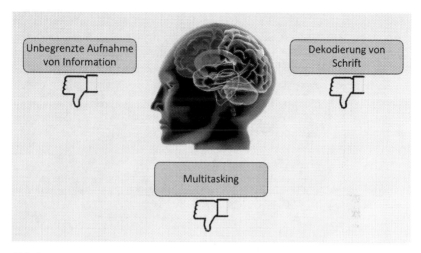

Abb. 2.1 Was unserem Gehirn schwerfällt. (Quelle: Siehe Bildquellenverzeichnis am Buchende)

Unmengen an visualisierter Schrift, anstatt uns für effektivere Möglichkeiten zu entscheiden? Sie merken es: Wenn wir effektiv präsentieren wollen, müssen wir uns an der Funktionsweise unserer wichtigsten Partner – den Gehirnen unserer Zuschauer – orientieren.

2.4 Menschen möchten unterhalten werden

Auch wenn wir uns in Deutschland nach wie vor schwer mit der Vorstellung tun, dass Freude im Job nicht schaden kann und sich Humor und Erfolg nicht zwangsläufig ausschließen, ist es andernorts längst unumstritten: Der Mensch möchte, wo immer er ist, auch unterhalten werden. Wer seine Zuschauer erreichen will, muss ihr Hirn *und* ihr Herz ansprechen – andernfalls wird jede Botschaft verpuffen. Auch diese Idee hat mit dem Gehirn-gerechten Präsentieren zu tun, denn wer emotional angesprochen wird, dessen Aufmerksamkeitslevel steigt und er wird zugleich in die Lage versetzt, Informationen zuverlässig und nachhaltig zu speichern (vgl. Medina 2013, S. 84–88). Für die Art und Weise der emotionalen Ansprache bieten sich unterschiedliche Intensitätsvarianten und eine Vielzahl an Möglichkeiten. Oft genügt eine persönliche warmherzige Begrüßung, ein verständnisvolles Ankündigen von vorhandenen Pausensnacks und dem Ende des Ganzen. Man kann seine Zuschauer emotionalisieren, indem man Anekdoten einstreut, hier und da nahe kommt, indem man rhetorische Fragen stellt und Zeit zum Nachdenken gibt. Man kann überraschen, verwundern, Betroffenheit auslösen. Es reicht oft schon, die eigene Begeisterung für das Thema deutlich werden zu lassen. Es muss uns klar sein: Mit der trockenen und lieblos oder gar nicht verpackten Übermittlung von Informationen und Botschaften können Sie heute – egal in welchem Kontext – keinen Blumentopf mehr gewinnen.

Hintergrund – So wirkt das emotionale Präsentieren

Emotional zu präsentieren, ist eine von Medinas Empfehlungen, denn Emotionen, so seine Erläuterung, lösten im Gehirn einen erhöhten Pegel des Neurotransmitters Dopamin aus. Den Informationen, die das Gehirn unter dieser Bedingung aufnehme, hefte das chemische Etikett *Nicht vergessen!* an. Die Amygdala (im Gehirn verantwortlich für die Schaffung und Bewahrung von Gefühlen) agiere in diesen Momenten wie eine Sekretärin, die wichtige Unterlagen mit gelben Klebezettelchen versehe (Vgl. Medina 2013, S. 86). Abb. 2.2 zeigt diesen Sachverhalt visuell übersetzt.

Abb. 2.2 Emotionalisierte Zuschauer speichern Information zuverlässig ab. (Quelle: Siehe Bildquellenverzeichnis am Buchende)

Die konzeptionelle Vorarbeit

3

Machen wir uns nun an die Arbeit. Und Vorsicht – vielleicht die größte Verände-rung ab heute – Ihr Laptop bleibt vorerst geschlossen. Die Erstellung einer Prä-sentation beginnt mit konzeptionellen Gedanken. Hierfür brauchen Sie ein paar Blätter Papier und einen gespitzten Bleistift. Sie fürchten, dafür keine Zeit zu haben? Glauben Sie mir – das zeitliche Investment zahlt sich um Längen aus.

3.1 Definieren Sie den Rahmen Ihrer Präsentation

3.1.1 Welchen Typen von Präsentation peilen Sie an?

Zuallererst müssen Sie als Präsentierende den Typen der bevorstehenden Präsen-tation bestimmen: Bereiten Sie eine Diskussions-Grundlage für ein Meeting vor, erstellen also eine Präsentation im weiteren Sinne (i. w. S.)? Oder wollen Sie Ihre Zuschauer mit einer Bahn brechenden Idee beeindrucken, erstellen also eine Präsentation im engeren Sinne (i. e. S.)? Abb. 3.1 zeigt, worin genau der Unter-schied zwischen beiden liegt: Präsentationen i. w. S. dienen dazu, einem Kreis von gemeinsam an einem Projekt Arbeitenden ein Sachgebiet übersichtlich aufzuberei-ten, um allen Betroffenen den Zugang zur Sachlage zu ermöglichen. In der Regel werden diese Foliensätze vor dem Meeting, in dem sie besprochen werden, an alle Beteiligten verschickt. Jeder Adressat macht sich im Vorfeld mit ihnen vertraut, im Meeting geht man sie gemeinsam durch. Die Foliensätze einer Präsentation i. w. S. sind meist eher textlastig und dürfen durchaus *voll* sein; ihre Inhalte sind rein sachlich aufbereitet. Auch ein Vorlesungsskript ist eine Präsentation i. w. S. Die Idee: Die Studierenden erhalten es bereits vor der Vorlesung, beschäftigen sich zu Hause mit ihm und können so in der Vorlesung entsprechend gut folgen. Folien-sätze der Präsentation i. w. S. werden erstellt, um gelesen, mindestens überflogen

© Springer Fachmedien Wiesbaden GmbH, ein Teil von Springer Nature 2018
A. Hüttmann, *Erfolgreiche Präsentationen mit PowerPoint*, essentials,
https://doi.org/10.1007/978-3-658-22143-0_3

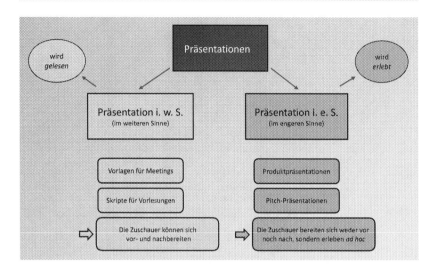

Abb. 3.1 Man unterscheidet zwischen zwei verschiedenen Präsentationstypen

zu werden. Sie dienen der Vorbereitung eines jeden Adressaten auf ein gemeinsames Besprechen.

Präsentationen i. e. S. zeichnen sich hingegen dadurch aus, dass die Zuschauer uneingeweiht kommen und sich in der Regel auch nicht nachbereiten. Präsentationen i. e. S. müssen aus diesem Grund ad hoc wirken: Weder der Präsentierende noch die Zuschauer haben eine zweite Chance: Die Botschaft muss sofort übermittelt und verstanden werden. Die Folien der Präsentation i. e. S. werden nur ein einziges Mal gesehen und müssen von daher ganz anders gestaltet sein als die der Präsentation i. w. S.: Sie müssen verschlankt und einfach zu erfassen sein. Die Präsentation i. e. S. wird erlebt und niemals *gelesen*. Sie wirkt immer auch auf der emotionalen Ebene. Beispiele sind Pitch- oder Produktpräsentationen. Das vorliegende *essential* fokussiert sich auf die Präsentation i. e. S. Sie ist es schließlich auch, die am meisten Verwirrung stiftet.

Hintergrund – So schnell muss die Botschaft einer Folie zu erfassen sein
Zelazny vergleicht die Foliengestaltung einer Präsentation i. w. S. mit der von Werbung in Zeitschriften. Hier habe der Leser Zeit zur Betrachtung und zum Entschlüsseln. Die Botschaft *dürfe* und *solle* also teilweise erst bei genauem Hinsehen verstanden werden. Folien einer Präsentation i. e. S. hingegen kämen Werbung im Straßenverkehr gleich: Die Botschaft *müsse* sofort verstanden werden, denn der Adressat habe nur einen Wimpernschlag Zeit, sich ihrer zu ermächtigen (2015, S. 16). Matthias Pöhm kontert: „Die Botschaft einer Folie muss in maximal zwei Sekunden zu erfassen sein." (2006, S. 36).

3.1.2 Wo, vor wem und in welcher Rolle werden Sie präsentieren?

Klären Sie jetzt, an welchem Ort und vor welchem Publikum Sie präsentieren werden. Ihr Vortrag, Ihre Folien, aber auch die Art und Weise, in der Sie auftreten, werden in vielerlei Hinsicht anders ausfallen, je nachdem, ob Sie vor dem Vorstand einer Bank in der obersten Etage eines gläsernen Büroturms, vor den Geschäftsführern eines Start-ups in einem Co-Working-Space oder vor Politikern Ihrer Gemeinde im Rathaus auftreten. In jedem Kontext treffen Sie auf einen ganz spezifischen Rahmen, den Sie sich in seinen Einzelheiten vergegenwärtigen sollten.

Die genaue Fokussierung Ihres Publikums wird Ihnen verdeutlichen, auf welche Inhalte Sie sich konzentrieren und auf welchem Niveau Sie Ihren Vortrag ansetzen sollten. Auch werden Sie schnell erkennen, welche Tonalität (seriös oder humorvoll?) und welche Dramaturgie (vom Problem zur Lösung, von der Lösung zum Lösungsweg, niedriger oder steiler Spannungsbogen?) passend sind. Ebenso richtet sich die Art und Weise der Foliengestaltung daran aus, wer Ihnen wo zuhört: In traditionell eher konservativen Branchen (Banken, Versicherungen, Unternehmensberatungen) sollten Folien weitgehend klassisch-unauffällig gestaltet sein; der Start-up wird moderne, *stylische* Folien erwarten (hier können Sie durchaus auch mit alternativen Medien punkten). Im Rathaus beschäftigt man sich traditionell weniger mit der Gestaltung effektiver PowerPoint-Folien und wird Ihnen jede Art von klarem Foliensatz danken.

Schließlich sollten Sie sich Gedanken machen, in welcher Rolle, mit welchem Habitus und in welchem Outfit Sie vor Ihr Publikum treten wollen: Kommen Sie als sachlicher Profi oder möchten Sie sich auch als Mensch mit Herz und Sinn für Humor zeigen? Kann es hilfreich sein, *von der Seite* zu kommen und sich mit dem Publikum zu *verbrüdern* oder dient es eher Ihrem Ziel, *von oben* mit der Haltung des vermeintlich Allwissenden aufzutreten? Wie sollten Sie Ihr Publikum begrüßen und welcher wirkungsstarke Beginn kann gleich in Ihre Hände spielen? All dies sind Fragen, die es im Vorfeld zu klären gilt.

▶ **Tipp – Welche Details es herauszufinden gilt** Werden Sie in der Absteckung Ihres Rahmens durchaus konkret, indem Sie z. B. so viel wie möglich über die Schlüsselfiguren Ihres Publikums in Erfahrung bringen: Wie alt sind sie? Welchen beruflichen Weg sind sie gegangen? Welchen Ruf genießen sie? Wie ist die Unternehmenskultur? Welcher Kleidungsstil, welche Umgangsformen sind üblich? Natürlich sollten Sie sich nicht ausnahmslos den recherchierten Gegebenheiten anpassen. Je mehr Sie aber über das *Wer* und *Wo* wissen, umso souveräner treten Sie auf, ganz ohne jemanden vor den Kopf zu stoßen.

3.1.3   Wie lautet Ihre inhaltliche Kernbotschaft?

Die Frage nach der inhaltlichen Kernbotschaft mag auf der Hand liegen und Ihnen geradezu überflüssig erscheinen. Vielleicht aber gerade weil so selbstverständlich, wird sie sehr häufig vernachlässigt. Nicht selten lassen sich Präsentationsgestalter ungerne auf sie ein: Der Stoff sei zu komplex und lasse sich nicht auf einen Kernsatz hin reduzieren. Die Wahrheit ist: Oft wird nur die Mühe gescheut, sich klar auszurichten und zu entscheiden, auf was es wirklich ankommt. Dieser Prozess kostet Zeit und ist nicht selten zermürbend. Doch Achtung! Wer seinen Vortrag nicht auf eine klare Kernbotschaft hin ausrichtet, der läuft Gefahr, sein Publikum im Unklaren zu lassen. Machen Sie sich also die Mühe und feilen Sie an einer klaren Botschaft. Unabhängig davon, wie umfangreich Ihr Vortrag ist und mit wie vielen Thesen Sie aufwarten, Sie brauchen einen Satz, auf den alles hinausläuft. Schreiben Sie ihn auf einen Zettel und heften ihn an einen Ort, an dem Sie ihn immer im Auge behalten. Die kontinuierliche Fokussierung dieses Satzes hilft Ihnen zu entscheiden, welche Inhalte in Ihrem Vortrag Platz finden und in welcher Reihenfolge Sie sie präsentieren.

3.1.4   Welche Wirkung wollen Sie erzielen?

Wo wenig über einen Zielsatz nachgedacht wird, bleibt der gewünschte Wirkeffekt in der Regel vollends unberücksichtigt – ein folgenschwerer Fehler. Denn genauso wichtig wie die Ausrichtung auf eine inhaltlich klare Botschaft ist die Entscheidung für eine konturierte Wirkungsweise. Neben dem Ziel nämlich, Informationen zu übermitteln, verfolgt jede fundiert gestaltete Präsentation ein weiteres: Sie will auch motivieren, begeistern, aktivieren, zum Nachdenken anregen, zu einer Entscheidung bewegen. Je nachdem, welche Wirkungsweise Sie als Präsentierender anpeilen, muss Ihre Präsentationsgestaltung anders verlaufen. Wer hauptsächlich Informationen übermitteln will, der muss besonderen Wert auf eine klare Struktur, auf das Wiederholen der wichtigsten Take-aways, auf ein passendes Präsentationstempo und ein inhaltliches Abholen des Publikums achten. Wer zusätzlich begeistern oder motivieren will, muss Emotionalität ins Spiel bringen. Wer zum Nachdenken anregen oder zu einer Entscheidung bewegen will, muss den Zuschauer mit einbeziehen und ihn aus seiner Passivität herausholen. Werden Sie sich also in dieser konzeptionellen Phase neben Ihrem Zielsatz über die von Ihnen anvisierte Wirkungsweise klar. Notieren Sie diese neben Ihrem Zielsatz und lassen Sie beide während der Erstellung Ihrer Präsentation nicht mehr aus dem Auge. Die Klarheit Ihres Vortrags wird sich auf diese Weise um ein Vielfaches erhöhen.

▶ **Tipp – Wie Ihre Zuschauer den Raum verlassen sollen** Wenn es Ihnen schwer fällt zu entscheiden, welcher Wirkeffekt der passende sein könnte, fragen Sie sich einmal, in welchem Zustand Ihre Zuschauer Ihren Vortrag verlassen sollen. Das kann Ihnen helfen, Klarheit zu erlangen. Sollen Sie nachdenklich aus dem Raum gehen? Entschlossen? Kämpferisch? Optimistisch? Motiviert? Beflügelt? Eingeschüchtert? Oder einfach nur gut informiert und mit klarem Kopf? Die Situation vom Ende her zu denken, kann helfen.

3.1.5 Erhalten Ihre Zuschauer begleitende Materialien?

Auch wenn Sie noch keine einzige Folie erstellt haben, macht die Frage nach den möglicherweise zu verteilenden Materialien jetzt schon Sinn. Stellen Sie Ihren Zuschauern im Nachhinein eine Auswahl der wichtigsten Folien zur Verfügung und reichern diese um zusätzliche Inhalte an, kann Ihre Präsentation hier und da knapper ausfallen. Denken Sie auch über die Möglichkeit nach, ein paar Tage vor dem Auftritt Kontakt mit Ihrem Publikum aufzunehmen, um die Spannung zu steigern oder eine bestimmte Erwartungshaltung zu provozieren. Eine solche Kontaktaufnahme kann in Form einer E-Mail, eines Briefes, einer kreativ gestalteten Botschaft erfolgen und Ihre Zuschauer positiv auf Ihren Auftritt einstimmen.

▶ **Tipp – Wie ein passendes Handout aussieht** Da die Folien der Präsentation i. e. S. explizit für den Moment der Aufführung konzipiert und Gehirn-gerecht gestaltet sind, eignen sie sich nicht als Handout: „Folienpräsentation und Handout sind nicht dasselbe." (Pöhm 2006, S. 39). Die Empfänger eines mit dem Foliensatz identischen Handouts wären zu Recht verwundert und fragten sich vermutlich, worin der Sinn der Vervielfältigung läge. Im Falle einer Präsentation i. e. S. ist es notwendig, ein separates Handout zu erstellen. Dessen Folien müssen einen Wiedererkennungswert für die in der Präsentation Anwesenden bieten, aber zugleich die Erklärungen und Kommentare beinhalten, die Sie während Ihres Vortrags mündlich mitgeteilt haben.

3.2 Was genau präsentieren Sie eigentlich? – Werden Sie Experte in Ihrem Thema

Jetzt, wo Sie den Rahmen Ihrer Präsentation abgesteckt und sich über den Ort Ihrer Präsentation, Ihr Publikum, Ihre Rolle als Präsentierender, Ihre inhaltliche Kernaussage sowie die anvisierte Wirkungsweise Klarheit verschafft haben, können Sie sich endlich um Ihre Inhalte kümmern. Und das müssen Sie auch!

3.2.1 Was können und wollen Sie inhaltlich leisten?

Entscheiden Sie an dieser Stelle, welches inhaltliche Niveau Sie in Ihrer Präsentation anstreben. Welche Bedeutung hat Ihr Auftritt für Ihr Unternehmen und im Rahmen Ihres persönlichen Karriere-Kontextes? Wie hoch ist die Experten-Dichte in Ihrem Publikum? Auf welchem Wissensstand starten Sie? Fragen dieser Art zeigen Ihnen, welche Wegstrecke vor Ihnen liegt. Gilt es etwa, sich als Experte zu erweisen, um in eine bedeutsame Projektgruppe aufgenommen zu werden, liegt harte Arbeit vor Ihnen. Vertreten Sie hingegen einen erkrankten Kollegen auf einem Event, auf dem Ihr Unternehmen einfach nur anständig repräsentiert werden soll, dürfen Sie sich sparsamer vorbereiten und darauf vertrauen, dass Ihr einwandfreies Auftreten die eine oder andere inhaltliche Lücke unentdeckt lässt. Bisweilen kehrt alleine bei der Berücksichtigung der noch verbleibenden Vorbereitungszeit Ernüchterung ein. So mancher mit hehren Zielen gestartete Präsentierende kommt mit Blick in den Kalender auf den Boden der Tatsachen zurück. Machen Sie sich also die qualifizierenden Parameter bewusst und entscheiden Sie, welchen Aufwand Sie betreiben werden. So manche Nachtschicht hat sicher schon Karrieren besiegelt, andere Kissen blieben ohne Grund unbenutzt.

3.2.2 Erschließen Sie Ihr Thema

Statten Sie sich nun mit brauchbaren Materialien aus und ziehen sich zurück. Lesen Sie so viel wie möglich und tauchen so tief wie möglich in Ihre Materie ein. Machen Sie sich in dieser Zeit Notizen, beschriften die Ränder Ihres Lesematerials mit Schlüsselbegriffen oder Geistesblitzen, erstellen vielleicht schon die eine oder andere Mindmap. Wichtig ist, dass Sie im Verhältnis wesentlich mehr lesen als aufschreiben. Zunächst einmal geht es darum, inhaltlicher Experte zu werden und sich das Thema zu erschließen. Das gelingt in der Regel nur über das schnelle Lesen verschiedener Texte, da so die Reflexion eines Themengebietes aus mehreren Perspektiven möglich wird: Nur wer von verschiedenen Seiten auf ein Sachgebiet blickt, hat die Chance, echter Experte zu werden. Unbedingt empfehle ich das zwischenzeitliche Spazierengehen. Laufen Sie durch Parks oder über Felder. Das muss keine Stunden in Anspruch nehmen, es reicht oft eine Runde von dreißig Minuten. Laufen Sie zum Bahnhof, anstatt den Bus zu nehmen. Gehen Sie mittags ein Stück am Fluss entlang, anstatt sich in die volle Kantine zu begeben. Zeiten, in denen wir uns alleine im Freien bewegen, sind Zeiten, in denen sich angelesenes Material setzt. In der Bewegung an der Luft gelingt es uns am besten, Dinge miteinander zu verknüpfen, Zusammenhänge zu erkennen, auf einmal zu sehen, was wirklich wichtig ist und worauf alles hinausläuft. Wie alle anderen ist auch dieser Teil Ihrer konzeptionellen Phase unumgänglicher Bestandteil auf dem Weg zu einer gelungenen Präsentation. Und denken Sie daran: PowerPoint ist noch immer geschlossen.

> **Beispiel – Lesen Sie erst mal ein Jahr**
> Als ich mich mit 25 Jahren entschied zu promovieren, bat ich meinen Doktorvater um Rat, wie ich die geisteswissenschaftliche Forschungsarbeit am besten angehen sollte. Er gab mir daraufhin den Tipp, erstmal ein Jahr lang zu lesen. Sie können sich vorstellen, wie wenig attraktiv diese Empfehlung zunächst für mich klang. Im Nachhinein bin ich immer noch dankbar für den Tipp, denn nur so gelang es mir, in relativ kurzer Zeit (es wurde dann doch kein ganzes Jahr) auf das inhaltliche Niveau zu kommen, das es zu erreichen galt. Mit unterstreichen, Notizen machen, herausschreiben hätte ich das niemals geschafft.

3.2.3 Trennen Sie sich von Irrelevantem

Nun gilt es, die Inhalte heraus zu filtern, die in Ihrer Präsentation eine Rolle spielen werden (siehe Abb. 3.2). Sich für bestimmte Inhalte zu entscheiden, heißt automatisch, andere wegzulassen. Um in diesem Prozess der Trennung des Relevanten vom Irrelevanten mit Bestimmtheit vorgehen zu können, orientieren Sie sich an folgenden Parametern: Halten Sie sich Ihre inhaltliche Kernaussage vor Augen und trennen sich von allem, was nicht unmittelbar zu dieser führt; sie mögen als Hintergrundwissen für Sie als Präsentierender wichtig sein, für Ihr Publikum sind sie es nicht. Des Weiteren rufen Sie sich ins Gedächtnis, wer Ihre Zuschauer sind und über welchen Wissensstand diese verfügen. Je mehr diese bereits wissen, umso weniger müssen Sie ausholen; je weniger sie wissen, umso mehr Kontext-Information muss integriert werden. Berücksichtigen Sie schließlich den zeitlichen Rahmen Ihres Auftritts, der Sie niemals dazu verleiten darf,

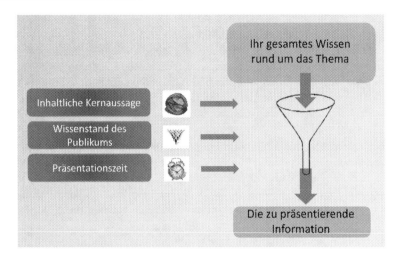

Abb. 3.2 Das Material wird gemäß bestimmter Kriterien selektiert. (Quelle: Siehe Bildquellenverzeichnis am Buchende)

gehetzt eine hohe Informationsdichte zu übermitteln. Es ist unsere Pflicht als Präsentierende, den uns gegebenen Rahmen optimal zu füllen. Haben Sie nur wenig Zeit, dürfen Sie nur wenig Information integrieren. Die meisten Präsentationen kranken an einem Informationsüberfluss. Haben Sie also den Mut, sich von Irrelevantem zu trennen, fokussieren das Wesentliche und folgen damit Reynolds Grundsatz der Beschränkung (vgl. 2013, S. 7).

> **Tipp – Wie Sie einfach von simpel unterscheiden lernen** Eine simple Präsentation behandelt Inhalte oberflächlich; eine einfache bereitet komplexe Zusammenhänge verständlich auf. Eine simple Präsentation schaut nicht hinter die Kulissen und reiht Dinge unverbunden aneinander; eine einfache verbindet umfassende Inhalte unterm Brennglas gebündelt. Wer simpel präsentiert, droht, belächelt zu werden; wer einfach präsentiert, erntet Respekt. Die Zuschauer erahnen, dass zu ihren Gunsten Arbeit investiert wurde. Reynolds spricht in diesem

Zusammenhang von einer „[...] Einfachheit, die weder der Faulheit noch der Ignoranz entspringt, sondern dem intelligenten Wunsch nach Klarheit, die den Kern eines Themas erfasst. Und diese ist nicht leicht zu erlangen." (2013, S. 115).

3.2.4 Lässt sich Ihre Präsentation durch andere Medien aufpeppen?

Gilt es heute, eine Präsentation zu halten, entscheiden wir uns reflexartig für das Medium PowerPoint. Es stimmt – PowerPoint-Präsentationen haben ihre Vorteile: Sie sind gut vorzubereiten, immer wieder abrufbar, unkompliziert an jeden Ort mitzunehmen. Zugleich sind sie die Norm und sorgen von daher niemals von sich aus für besondere Aufmerksamkeit. Es ist also eine Überlegung wert, ob Sie Ihre PowerPoint-Präsentation zumindest durch ergänzende Medien aufpeppen möchten: Bietet es sich an, Objekte mitzubringen und bedeutsame Momente besonders zu veranschaulichen? Könnte es Sinn machen, den Knackpunkt Ihres Vortrags lebendig am Flipchart entstehen zu lassen? (Matthias Pöhm widmet dieser Idee ein sehr lesenswertes Kapitel (2006, S. 63–102).) Ist es denkbar, Impulse der Zuschauer zu sammeln und diese an einer Metaplanwand zu bündeln? Kann ein Kurzfilm als Teaser Aufmerksamkeit garantieren? Sie können sicher sein: Gelingt es Ihnen, für den passenden Moment das passende Alternativmedium einzusetzen, sind Sie auf der Gewinnerseite. Die Aufmerksamkeit Ihres Publikums erhöht sich – einfach nur, weil Sie von der Norm abweichen. Ihre Kernbotschaft wird nachhaltig gespeichert – einfach nur, weil alle anderen Medien lebendiger wirken als PowerPoint.

Beispiel – 9 kg versus 20 g
Eine Studierende positionierte neun 1 kg-Nutella-Gläser pyramidenförmig hintereinander auf einem Tisch und legte davor eine 20 g-Nutella-Portion (wir kennen die kleinen Döschen von Hotelbuffets), um den durchschnittlichen Jahreskonsum an Schokolade eines Deutschen und eines Chinesen miteinander zu kontrastieren; der Rest ihrer Präsentation war PowerPoint. Eine andere Studierende referierte über die *Ware* bzw. die *wahre* Weihnacht und stellte eine Waage vor sich auf, wobei sie während ihrer Präsentation die eine Waagschale mit Euromünzen füllte und auf die andere schließlich eine Krippe aus Holz legte. Eine dritte Studentin schließlich ließ während ihrer Präsentation, die sie an der Metaplanwand durchführte, über PowerPoint lediglich sekündlich einen

Strich einblenden. Die Striche wurden zu 5er-Päckchen gebündelt, bis am Ende ihres Vortrags die gesamte Folie von Strichbündeln belegt war. Jeder Strich stand für die ca. 23.000 €, die der sich zu der Zeit abspielende Bahn-Streik sekündlich kostete. Von der Geldsumme, welche im Laufe ihrer Präsentation durch den Streik verloren gegangen sei, so die Präsentierende, (6.900.000 €), hätten also 300 Studierende (die Anzahl der Striche auf der Leinwand) ein Bachelor-Studium an einer privaten Hochschule finanzieren können. Solche Dinge vergisst man nie!

Das Erstellen der Präsentation

4

Langsam nähern wir uns der eigentlichen Präsentationserstellung. Bevor Sie Ihren Computer hochfahren, müssen Sie allerdings eine vernünftige Struktur gestalten und diese in eine ansprechende Agenda übersetzen.

4.1 Entwickeln Sie eine logische Struktur

Wie bereits in Abschn. 2.2 erläutert, ist eine logische Struktur das A und O Ihrer Präsentation. Zuschauer sind darauf geeicht, nach Orientierung Ausschau zu halten. Sie wollen verstehen, welchem Pfad sie folgen müssen. Auch beim Lesen eines Buches oder Schauen eines Films suchen wir nach Orientierung – und legen, wenn wir nach einer Weile die Struktur des Ganzen nicht verstanden haben, das Buch weg oder schalten den Film ab. In Präsentationen holen Zuschauer in diesen Momenten ihre Smartphones heraus. Investieren Sie also Einiges an Mühe in das Entwickeln einer logischen Struktur. Denken Sie hierbei immer wieder daran, dass Sie Ihren Zuschauern gegenüber einen großen Wissensvorsprung haben: Sie beschäftigen sich seit geraumer Zeit mit einem Thema, Ihr Publikum wird möglicherweise zum ersten Mal mit ihm konfrontiert. Sie haben darüber nachgedacht, wie Sie Ihren Vortrag am besten aufbauen können, Ihre Zuschauer waren in diesen Prozess nicht integriert. Im Zweifelsfall müssen Sie also etwas mehr Orientierung bieten, als Sie für nötig halten. Um den Prozess der Strukturierung so gut wie möglich hinzubekommen, empfehle ich Ihnen folgenden Dreischritt:

© Springer Fachmedien Wiesbaden GmbH, ein Teil von Springer Nature 2018
A. Hüttmann, *Erfolgreiche Präsentationen mit PowerPoint,* essentials,
https://doi.org/10.1007/978-3-658-22143-0_4

4.1.1   Fokussieren Sie Ihre Kernbotschaft und die anvisierte Wirkung

Rufen Sie sich noch einmal die bereits herausgearbeitete Kernbotschaft und die anvisierte Wirkung Ihrer Präsentation in Erinnerung. Botschaft und Wirkung sind auch jetzt Leuchttürme, auf die Sie schnurstracks zusteuern. Von nun an muss sichergestellt sein, dass Sie sich mit jedem weiteren Schritt in Ihrer Präsentationserstellung unaufhaltsam in Richtung dieser beiden Orientierungspunkte bewegen.

4.1.2   Bringen Sie Ordnung in Ihre Materialsammlung

Nehmen Sie nun Ihre bereits gefilterte Materialsammlung zur Hand und bündeln Sie sie gemäß Ihrer inhaltlichen Kernausrichtung. Versehen Sie dann jedes Bündel mit einem Etikett, entscheiden schließlich, in welchem Verhältnis die verschiedenen Inhaltsbündel zueinander stehen und in welcher Reihenfolge sie präsentiert werden sollen. Fragen wie: „Welche Inhaltsbündel erschließen sich aus anderen?", „Welche repräsentieren eher den argumentativen Vorspann?", „Welche gehören zum Thema Schlussfolgerung?" können Ihnen hierbei helfen. Sie merken es: Ist diese Arbeit erledigt, steht die grobe Struktur Ihrer Präsentation. Ab jetzt gilt es noch, den Feinschliff zu gewährleisten und die Struktur in eine vom Wording her ansprechende Agenda zu übersetzen. Achten Sie darauf, dass Ihre Agenda überschaubar bleibt und nicht mehr als sechs Punkte umfasst, unabhängig davon, wie lange Ihr Vortrag dauert. Für die Agenda gilt es, Komplexität aufs Überschaubare herunter zu brechen. Sollte sich später herausstellen, dass es weitere Unterpunkte gibt, wird Ihr Publikum mitgehen. Zu Beginn aber dürfen Sie niemanden schockieren. Beachten Sie darüber hinaus, dass die Agenda-Punkte einfach, ansprechend und homogen formuliert werden. Denken Sie daran – Folien einer Präsentation i. e. S. aufzunehmen, kommt dem Wahrnehmen von Werbebotschaften im Straßenverkehr gleich: Entweder es funktioniert ad hoc oder gar nicht. Ihre Agenda-Punkte machen idealerweise Lust und wecken Neugier.

4.1.3   Gestalten Sie ein optisches Äquivalent für Ihre Struktur

Nur sehr wenige Vortragende sind so begnadet, dass ihre Zuschauer auch ohne optische Hilfestellung zuverlässig wissen, wo im Ablauf sie sich gerade befinden. Überlegen Sie also ein System, das Ihrem Publikum (und auch Ihnen) ausreichend

Abb. 4.1 Ein Beispiel für eine ansprechende Agenda. (Quelle: Siehe Bildquellenverzeichnis am Buchende)

Orientierung bietet. Sie können – klassisch – die Agenda zu Beginn einmal vorstellen und bei den Übergängen zu einem nächsten Gliederungspunkt immer wieder einblenden. Abb. 4.1 zeigt eine optisch ansprechende Lösung, die zudem den aktuellen Punkt jeweils hervorhebt. In Abb. 4.2 sehen Sie eine Folie, die mit einem Agenda-Balken arbeitet. Der Vorteil: Die Zuschauer können sich mit jeder Folie Orientierung einholen. Alternativ zu Schrift kann ein Agenda-Balken auch mit Symbolen gestaltet werden, die leicht mit den entsprechenden Inhalten zu assoziieren sind. Es gilt die Faustregel: Je einfacher Ihre Agenda und deren optisches Äquivalent, umso hilfreicher.

4.2 Gestalten Sie wirksame Folien

Jetzt endlich und zugleich erst jetzt (!) sind wir bei dem Punkt angekommen, mit dem die meisten Präsentierenden – fälschlicherweise – die Erstellung einer Präsentation beginnen: Der Gestaltung der Folien. Jetzt dürfen Sie PowerPoint öffnen und sich mit Schwung an die Erstellung von Visualisierungen machen, die Ihre inhaltlichen Botschaften eindringlich und nachhaltig untermauern.

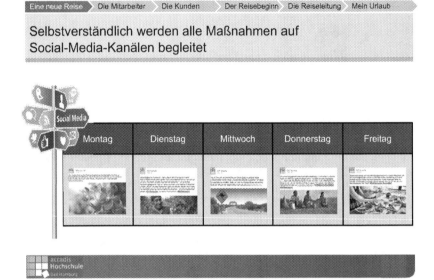

Abb. 4.2 Ein Beispiel für eine Folie mit Agenda-Balken. (Quelle: Siehe Bildquellenverzeichnis am Buchende)

4.2.1 Kreieren Sie ein passendes Layout

Sofern Sie im Auftrag Ihres Arbeitgebers auftreten, sind Ihre Gestaltungsmöglichkeiten in Bezug auf das Layout extrem limitiert: Mit gutem Grund machen es Unternehmen zur Auflage, ihre Firmenfolien zu nutzen. Nichtsdestotrotz gibt es innerhalb dieses Rahmens einen Spielraum, den man – je nach Präsentationsanlass und -rahmen – nutzen kann. Fügen Sie etwa dem Master ein themenadäquates Logo zu. Bauen Sie einen Agenda-Balken ein, der sich selbstverständlich in Stil, Form und Farbe dem Corporate Design unterordnet. Heben Sie einzelne Folien, die Schlüsselbotschaften transportieren, mittels eines alternativen Hintergrundes hervor. Gehen Sie in jedem Fall sensibel mit der Ausschöpfung des Gestaltungsrahmens um.

Sollten Sie als Freiberufler oder, in welchem Kontext auch immer, als unabhängige Person agieren, sieht die Lage anders aus und Sie sollten durchaus etwas

Zeit in die Gestaltung eines ansprechenden Layouts stecken. Hintergrund, Linienführung, Schriftgröße und -art, Logo, Farbwahl, Folienzahlen sowie ein möglicher Agenda-Balken sind die grundlegenden Gestaltungselemente. Achten Sie bei der Auswahl immer auf die Kompatibilität mit den Rahmenbedingungen: Die inhaltliche Ausrichtung Ihrer Präsentation, die Zusammensetzung und Erwartungshaltung Ihres Publikums sowie Ihr eigener Hintergrund und Ihre Ambitionen müssen in die Waagschale geworfen werden.

Grundlegender Richtwert für die Gestaltung eines Layouts sollte immer die Idee des *Weniger ist mehr* sein. Optische Klarheit ermöglicht schnelle Lesbarkeit und zielgerichtete Fokussierung – beide Grundvoraussetzungen für das Funktionieren des Präsentationsprozesses. Ein Layout darf von sich aus niemals Aufmerksamkeit fordern, sondern lediglich einen geeigneten Rahmen für den schnellen und unbeeinflussten Transport der Inhalte ermöglichen. Es ist immer nur Mittel zum Zweck, nie Zweck an sich. Seine einzige Verpflichtung ist, ansprechend daherzukommen und zu ermöglichen, dass die Folieninhalte schnell und unkompliziert aufgenommen werden.

> ▶ **Tipp – Warum Sie niemals PowerPoint-Masterfolien verwenden sollten** Vorgefertigte PowerPoint-Masterfolien, selbst selten gewählte Varianten, sind immer auf den ersten Blick erkennbar. Da sie so gestaltet wurden, dass sie auf möglichst viele Kontexte passen, wirken sie charakterlos und beliebig. Zudem signalisieren sie, wenn auch unausgesprochen, dass der Präsentierende zusätzliche Mühe scheute. Ich habe noch nie einen ambitionierten Präsentierenden gesehen, der sich mit einem PowerPoint-Master zufriedengab. Wer mit Begeisterung und Herz präsentieren möchte, sollte sich auch für die Gestaltung eines angemessenen optischen Rahmens engagieren.

4.2.2 Formulieren Sie Action Title

In Abschn. 4.1 ging es darum, Ihre Inhalte im Groben zu ordnen, eine nachvollziehbare Gesamtstruktur für Ihre Präsentation zu ersinnen sowie diese in eine ansprechend formulierte Agenda zu übersetzen. Nun steht die Feinabstimmung, die Ordnung innerhalb der einzelnen Agenda-Punkte, auf dem Programm. Bringen Sie also die Inhaltsbündel, die Sie im Rahmen eines jeden Agenda-Punktes präsentieren wollen, in eine schlüssige Reihenfolge und übersetzen dann jede zu vermittelnde Informationseinheit in einen sogenannten *Action Title*.

Der Begriff *Action Title* stammt aus dem Umfeld der Unternehmensberater und meint vollständige Mini-Sätze, die die Hauptaussage einer Folie kurz und knapp zusammenfassen. Viele wundern sich anfangs über diese Empfehlung, widerspricht sie doch der gängigen Vorstellung, Überschriften hätten so kurz wie möglich zu sein und bestünden am besten aus Rumpfsätzen oder nur einem Wort. Wer jedoch verstanden hat, wie PowerPoint funktioniert, weiß, dass die Idee der *Action Title* eine der grundlegenden jeder gelungenen Präsentation ist. Der Trick dahinter: Der Zuschauer wird auf den ersten Blick mit der unmissverständlichen Aussage der Folie konfrontiert und kann sich im Anschluss der jeweiligen Visualisierung zuwenden (welche die Aussage des Action Title illustriert). Der Zuschauer muss sich nicht mühsam einen Zusammenhang zwischen kryptischem Folientitel und einem möglicherweise nicht mit diesem verwandten Folieninhalt erschließen und läuft so keine Gefahr, über dieser gedanklichen Arbeit den Anschluss an den Vortrag zu verlieren (Sie erinnern sich: Unsere Gehirne sind nicht Multitasking-fähig). Darüber hinaus bietet die Pflicht, Folien mit *Action Title* zu überschreiben, den unschlagbaren Vorteil, dass der Präsentierende selbst immer wieder gezwungen wird, zu klaren Aussagen zu kommen. Ebenso garantiert die Idee, dass jede Folie nur eine einzige Aussage übermittelt – ein Grundsatz, der niemals gebrochen werden sollte.

Sie können es sich jetzt leicht machen, indem Sie Ihre formulierten *Action Title* gleich in die Titelleisten Ihrer noch leeren PowerPoint-Folien eintragen und sie dann in eine schlüssige Reihenfolge bringen. Dieser Prozess des Formulierens und Ordnens der *Action Title* kann bisweilen eine ordentliche Tüftelei sein. Nehmen Sie dennoch auf keinen Fall von diesem Vorhaben Abstand, sondern verfolgen Ihr Ziel mit Perfektionsdrang. Sie werden sehen, dass Ihre Mühe sich auszahlt. (Alle Abbildungen dieses *essentials* – bis auf Abb. 4.1 – enthalten *Action Title* und können Ihnen als Beispiel dienen.)

▶▶ **Tipp – Warum es beim Formulieren der Action Title auf die Feinabstimmung ankommt** Achten Sie darauf, Ihre *Action Title* in symmetrischem Wording zu formulieren. Dies bedeutet, dass Sie immer (wenigstens innerhalb eines Agenda-Punktes) denselben Satzaufbau nutzen, bei bestimmten Begrifflichkeiten bleiben, Artikel entweder immer integrieren oder immer weglassen. *Action Title* müssen so kurz wie möglich und so lang wie nötig sein: Das Ziel ist eine Zeile, hin und wieder bleibt eine zweite Zeile unumgänglich, eine dritte muss immer vermieden werden.

Beispiel – Alle Folien auf dem Boden verteilen

Berate ich Unternehmen bei der Erstellung von Präsentation, beginnen wir häufig damit, alle bereits existierenden Folien auszudrucken und auf dem Boden eines großen Raumes zu verteilen. Zunächst stellen wir dann eine grobe Ordnung her, indem wir entscheiden, welche Folien zu einem gemeinsamen Agenda-Punkt gehören. Im Anschluss räumen wir innerhalb der Agenda-Punkte auf und bringen die Folien wiederum in eine schlüssige Reihenfolge. Dann formulieren wir *Action Title*. Schließlich trennen wir uns von unbedeutenden oder missverständlichen Folien und prüfen, inwiefern die Visualisierungen die jeweiligen *Action Title* zweifelsfrei untermauern. Insbesondere bei umfangreichen Foliensätzen ist das Verteilen auf dem Boden extrem hilfreich, da man so schnell einen guten Überblick bekommt und die Folien für alle sichtbar hin- und herschieben kann.

4.2.3 Gestalten Sie bildhafte Darstellungen

„Ein Bild sagt mehr als tausend Worte" – eine Empfehlung, die häufig im Zusammenhang mit der Konzeption von Werbebotschaften oder eingängigen Präsentationsfolien gegeben wird. Sie deutet unmissverständlich an, dass bildhaftes Präsentieren der richtige Weg ist, denn der optische Sinn ist und bleibt der stärkste des Menschen. Schränken Sie das Visualisieren von Schrift also in Zukunft stark ein. Zusammenhängende Texte dürfen nur visualisiert werden, wenn Sie diese gemeinsam mit Ihrem Publikum lesen – das kommt nur für ein Zitat, eine wichtige Definitionen oder ein Fazit infrage. In allen anderen Fällen muss Ihr Ziel sein, die Kernaussagen Ihrer Folien in eindeutige sowie schnell entschlüsselbare Bilder bzw. bildhafte Darstellungen zu übersetzen. Das können sorgsam ausgewählte Fotos, detailgenau gestaltete Smart Arts, eigens erstellte Schaubilder oder Diagramme sein. Abb. 4.3 zeigt eine sehr ansprechend gestaltete Folie, die eine Smart Art und ein passendes Foto kombiniert.

Entscheidend ist, dass der *Action Title* – die Hauptaussage der Folie – von der Illustration eindeutig untermauert wird und umgekehrt. *Action Title* und bildhafte Darstellung müssen in *eine* spezifische Richtung deuten und so eine klare Botschaft vermitteln. Je nach Kontext können die bildhaften Darstellungen einfach oder komplex sein. Je komplexer sie sind, umso detailgenauer müssen sie verbal begleitet werden, umso wichtiger ist es, dass ihre Einzelteile sukzessive eingeblendet und zugleich erläutert werden. Natürlich ist es legitim, auch Schlüsselwörter zu zeigen. Werden sie von einem passend ausgewählten Bild begleitet, verstärkt dies ihre Wirkung um ein Vielfaches.

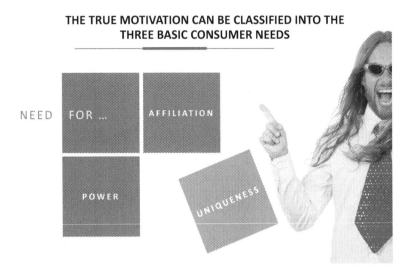

Abb. 4.3 Folie, die eine Smart Art und ein passendes Foto kombiniert. (Quelle: Siehe Bildquellenverzeichnis am Buchende)

Hintergrund – So wirkt der „Bildüberlegenheitseffekt" (Medina 2013, S. 265)
Bilder werden nicht nur ungleich schneller decodiert als Texte, sondern bleiben auch länger zuverlässig abrufbar. Noch Tage, teilweise Jahre nach dem Betrachten von Bildern erinnern Menschen sich mit hoher Genauigkeit an das, was sie gesehen haben. Unser Gehirn nimmt auch komplexe Bilder als eine Einheit wahr, während visualisierte Schrift immer eine Summe vieler Einzelteile bleibt – der Speichervorgang dauert also länger und ist entsprechend störanfällig (Vgl. Medina 2013, S. 265–267).

4.2.4   Gewährleisten Sie optische Homogenität

Optische Homogenität wird Ihnen jeder Zuschauer danken – sie ist im Gegenzug das, unter deren Abwesenheit wir am meisten leiden. Optische Homogenität entsteht als Ergebnis eines durchdacht gestalteten Layouts, dessen wenige und konsequent identisch gestalteten Elemente einen unauffälligen und zugleich ansprechenden Rahmen bilden. Darüber hinaus ist sie das Produkt des durchdachten Einsatzes aller weiteren Visualisierungselemente. In Bezug auf die *Action Title* erwähnte ich bereits die Notwendigkeit des symmetrischen Wordings. Fotos etwa, die auf einer oder konsekutiven Folien gezeigt werden, müssen von ähnlichem Stil, gleichbleibender Qualität und derselben Größe sein (Achtung: Zuschauer assoziieren mit „größer" automatisch „wichtiger"). Eine symmetrische Anordnung der Elemente innerhalb der Folie ist ebenfalls von Relevanz. Überhaupt müssen Sie sich mit der Unterbringung Ihrer visuellen Elemente innerhalb eines abgesteckten Rahmens aufhalten. Orientieren Sie sich hier vor allem an den Elementen, die das Layout konstituieren (eine Trennlinie unter der Titelleiste etwa kann als Orientierung genutzt werden). Sorgen Sie zudem für die Einheitlichkeit der genutzten Schriftart und -größe und entscheiden sich ohnehin für eine Schrift, die klar und gut lesbar ist. Reine Großbuchstaben etwa sind ebenso zu vermeiden wie exotische Schriftarten, die zudem nicht jeder Computer im Repertoire hat. Konzentrieren Sie sich auf eine überschaubare Menge an gedeckten Farben und mischen Sie auf keinen Fall Fotos und Clip Arts. Je homogener Ihre Folien aufgebaut sind, je mehr sich die genutzten Stilelemente ähneln, je symmetrischer Objekte angeordnet sind, umso fokussierter bleibt Ihr Zuschauer. Die optische Homogenität Ihrer Folien garantiert, dass Ihre Zuschauer ihre Aufmerksamkeit sofort auf das Notwendige lenken und von nichts Unerheblichem abgelenkt werden.

Hintergrund – So steuern Sie die Aufmerksamkeit Ihrer Zuschauer
Matthias Pöhm gibt in diesem Zusammenhang die wertvolle Empfehlung: „Jedes Element, das der Hauptbotschaft Leseenergie wegfrisst, muss von der Folie weg." (2006, S. 38). Wer sich mehr oder weniger strikt an diese Vorschrift hält, hat gute Chancen, die Aufmerksamkeit seiner Zuschauer an den Zügeln zu halten und führen zu können.

4.2.5 Sorgen Sie für Heterogenität in der Homogenität

Homogenität ist eines der obersten Gebote der Foliengestaltung. Wer sich strikt daran hält, hat bereits viel erreicht. Und dennoch – zu viel Gleichmaß schläfert Aufmerksamkeit ein und bietet keine erinnerbaren Differenzierungsmerkmale. Die Ehrgeizigen unter Ihnen müssen also noch eine Schippe drauflegen, indem sie Heterogenität in die Homogenität bringen. Weichen Sie also an gewissen Stellen Ihrer Präsentation von dem bisherigen Schema ab. Dies darf natürlich nicht absichtslos erfolgen, sondern muss inhaltlich Sinn machen. Wo also z. B. eine entscheidende Erkenntnis getroffen oder ein Fakt illustriert wird, der mit den bisherigen in keinem Zusammenhang steht, können und sollen Sie sogar in Ihrer Gestaltung ausreißen. Dies hat einen wirkungsvollen Effekt: An den inhaltlich neuralgischen Stellen Ihrer Präsentation erlebt Ihr Publikum einen Aufmerksamkeitsschub und Sie gewährleisten, dass die wesentlichen Erkenntnisse auf jeden Fall mitgenommen werden.

▷ **Tipp – Warum die Folienanzahl irrelevant ist** Viele Menschen, die sich mit Präsentationen beschäftigen, zerbrechen sich den Kopf über die zulässige oder empfehlenswerte Anzahl an Folien. Ich halte diese Frage für vollkommen irrelevant und nicht zu beantworten. Entscheidend ist, dass der Kommunikationsprozess während Ihrer Präsentation funktioniert. Wie Sie das hinbekommen, beginnen Sie gerade zu verstehen. Ob Sie dafür 5 oder 20 Folien nutzen, spielt keine Rolle. (Siehe hierzu auch Reynolds 2013, S. 62.)

4.2.6   Arbeiten Sie mit Animationseffekten

Wer hat nicht schon einem Vortrag beigewohnt, bei dem Überschriften explodierten, Schlüsselwörter herbei zirkulierten, ein Textkasten mit Aufprall und Dampfwolke herab sauste? PowerPoint macht es möglich. Sie ahnen es: Ich rate Ihnen dringend davon ab. Sie ahnen auch, warum: Die Aufmerksamkeit Ihrer Zuschauer landet dort, wo sie nichts zu suchen hat – bei der Antizipation des nächsten Animationseffektes. Das ist oft unterhaltsam und schweißt die Menge in Gelächter zusammen, aber ebenso uneffektiv. Extreme führen häufig zu anderen Extremen und so hat das überbordende Animieren dafür gesorgt, dass heute so gut wie gar nicht mehr animiert wird. Davon halte ich allerdings ebenso wenig, denn es macht durchaus Sinn, Informationen sukzessive einzublenden. Warum?

Der optische Sinn sucht dauerhaft nach Beschäftigung und dominiert alle anderen Sinne: Das Bild gewinnt also immer. Sobald unser Auge eine Aufgabe gefunden hat, ist es *weg* und mit ihm unsere gesamte Aufmerksamkeit. Wir kennen dieses Phänomen aus Bars und Restaurants, auf deren Bildschirmen Filme ohne Ton laufen. Wie von magischer Kraft gezwungen, starren wir auf diese Bildschirme, obwohl wir an dem Gezeigten nicht interessiert sind. Wer hat nicht schon auf einem schlaflosen Langstreckenflug stundenlang auf den Monitor des Nachbarn gestarrt? Bilder, zumal Bildabfolgen, üben eine große Anziehung auf unser Auge aus: Es nimmt Reißaus, ehe wir es an die Zügel nehmen können.

In Präsentationen nun geschieht das Gleiche: Sobald Sie Ihrem Publikum eine Folie zeigen, wandern alle Augen zu ihr und bemühen sich, die Botschaft zu begreifen. Ist die Folie vergleichsweise voll und transportiert – möglicherweise auch einfach schlecht gemacht – zu viele Informationen, ist das Auge und mit ihm sein Zuschauer überfordert. Er blickt zur Folie, nimmt sich den auditiven Sinn, das Ohr zur Hilfe, hört zu, blickt zurück, hört zu, blickt zurück und verpasst darüber die Botschaft. Aufmerksamkeit ist nicht teilbar und unser Gehirn daher nicht Multitasking-fähig.

Ich empfehle Ihnen also, an den passenden Stellen durchaus mit Animations-effekten zu arbeiten. Sie sollten sich allerdings für einen unauffälligen entschei-den und diesem treu bleiben. Zeigen Sie also immer nur das, über das Sie gerade sprechen. Alles Weitere blenden Sie im Anschluss ein. Natürlich können Sie auch mit anderen Effekten als dem Animieren arbeiten: Umranden Sie wichtige Stel-len, entfernen Sie verdeckende Balken, setzen Sie einen wirkungsstarken Spot. Wie auch immer Sie es regeln, der Effekt ist derselbe: Die Ihren Vortrag unter-mauernden Visualisierungen werden in der Reihenfolge gezeigt, in der Sie über sie sprechen.

▶ **Tipp – Wie heterogene Animationseffekte wirken** Die Entschei-dung für einen unauffälligen Animationseffekt dient dem Prinzip der Homogenität. Heterogenität in der Auswahl der Animationseffekte macht hingegen äquivalent dort Sinn, wo besondere Aufmerksamkeit gefragt ist. An inhaltlich neuralgischen Stellen ist ein Abweichen von der Norm sinnvoll.

4.2.7 Erzählen Sie Geschichten

Der Aspekt des Geschichtenerzählens hat am wenigsten mit der eigentlichen Foli-engestaltung zu tun; dennoch macht es Sinn, ihn hier zu behandeln, da Sie alles bisher Dargelegte benötigen, um die Idee des Geschichtenerzählens aufgreifen und umsetzen zu können. Um was geht es? Nun, Sie erzählen ja bereits insofern eine *Geschichte* (die ich ab jetzt *Story Line* nenne, um sie von der gleich erläuter-ten Art abzugrenzen), als Sie die von Ihnen ausgewählten Inhalte in eine logische Abfolge gebracht haben. Dadurch, dass Sie zudem jedes einzelne Inhaltspaket mit einem *Action Title* überschreiben und diese sich im Ergebnis – auch vom Wording her – aneinanderfügen, wird die *Story Line* für den Zuschauer ersichtlich und hilft ihm, problemlos durch die Folienabfolge zu kommen. So weit, so gut.

Nun gilt es, einen Schritt weiter zu gehen und zu überlegen, inwiefern Sie die von Ihnen in eine logische Abfolge gestellten Informationspakete zusätzlich in einen erzählerischen Kontext betten können. Dieser nämlich haucht den Fakten Leben ein und wirkt in bereits bekannter Weise: Unsere Zuschauer werden emo-tionalisiert und produzieren zu der erzählten Geschichte eine Bildabfolge in ihren Köpfen – eine wirkungsstarke Methode, um Aufmerksamkeit und nachhaltiges Speichern zu ermöglichen.

Für das Geschichtenerzählen in Präsentationen bieten sich verschiedene Varian-ten an: Es besteht die Möglichkeit, Sachverhalte auf Menschen oder Unternehmen zu übertragen – berichten Sie davon, welche praktischen Auswirkungen ein bestimmter Sachverhalt auf das Leben eines Menschen oder die Entwicklung eines Unternehmens oder Gründers haben kann. In den Medien ist es üblich, nach diesem Schema vorzugehen – die konkreten Auswirkungen einer Naturkatastrophe etwa werden am Schicksal einer Familie illustriert, die Steuerreform der US-Regierung am Beispiel eines Unternehmens, und für die Darstellung der Integrationsproblematik werden Mitarbeiter des BAMF einige Wochen bei ihrer Arbeit begleitet. Es sind Geschichten, vor allem die in ihnen agierenden Menschen sowie deren Erlebnisse, Kämpfe und Erfahrungen, die uns fesseln. Fakten und Inhalte werden erst spannend, wenn sie auf das Leben übertragen werden. Überlegen Sie also, ob Sie eine Geschichte erzählen können, die Ihre *Story Line* bzw. deren Hauptaussage passend illustriert.

Darüber hinaus haben Sie die Möglichkeit, nach einer metaphorischen oder archetypischen Geschichte zu fahnden, die – über Ihre *Story Line* gelegt – zu mehr Eindringlichkeit und Aussagekraft verhilft. Berichten Sie etwa von einem Unternehmen, das unerwartet in Schwierigkeiten gerät, können Sie den plötzlich aufkommenden Sturm und das von ihm bedrohte Schiff hinzuziehen (diese Idee ist zugegebenermaßen nicht besonders einfallsreich, doch das einfache Beispiel verdeutlicht die Grundidee). Geht es in Ihrer Präsentation um die Folgen einer fatalen Fehlentscheidung, kann der Zauberlehrling als Metapher herhalten. Wollen Sie Investoren davon überzeugen, in Ihr noch völlig unbekanntes Unternehmen zu investieren, könnte die unglaubliche Aufstiegs-Geschichte des englischen Fußballvereins Leicester im Jahr 2016 Sie in Sachen Glaubwürdigkeit darin unterstützen, dass hin und wieder doch unerwartete Dinge geschehen.

Beispiel – Die Geschichte dem Umfeld anpassen

Eine Gruppe von Studierenden hat in einem von mir begleiteten Consulting-Projekt, in welchem wir für einen namhaften deutschen Reisekonzern eine Kommunikationskampagne entwickelten, für die Abschlusspräsentation die Metapher der Reise herangezogen: Wir *checkten ein,* wir *hoben ab,* wir *erlebten Turbulenzen* und *landeten* schließlich sanft. Letztendlich fungiert jedes Beispiel, das Sie anbringen und mit dem Sie bestrebt sind, die von Ihnen vermittelten Inhalte eindringlicher zu transportieren, als kleine Geschichte. „Beispiele sind die kognitive Entsprechung von Türklinken", so John Medina (2013, S. 129). Fest steht: Das Erzählen von Geschichten (neudeutsch: *Storytelling*) ist eine der wirksamsten Methoden, um Zuschauer zu gewinnen und zu fesseln. Nicht ohne Grund haben Marketing-Experten rund um den Globus diese Methode für sich entdeckt...

4.3 Bereiten Sie Schaubilder und Diagramme detailgenau

Während Fotos sich eignen, um den Einstieg in ein Thema zu gestalten oder bedeutsame Schlüsselbegriffe visuell zu untermauern, eignen sich Schaubilder und Diagramme zur Illustration komplexer(er) Sachverhalte. Sie sind es, die Ihrer Präsentation Substanz verleihen – zwingen die Anforderungen an ihre Gestaltung doch letztendlich auch Sie, den Präsentierenden, Sachverhalte detailgenau zu durchdringen und auf den Punkt gebracht aufzubereiten. Bemühen Sie sich also, dort, wo sinnvoll, Schaubilder und Diagramme zu gestalten. Selbstredend muss ihre Existenz hinreichend begründbar sein.

4.3.1 Differenzieren Sie zwischen Schaubild und Diagramm

Zu der Rubrik *Schaubilder* gehören sämtliche durch Smart Arts oder den Rückgriff auf angebotene Formen eigens generierte bildhafte Darstellungen. Ein Schaubild dient dazu, die innere Logik eines Sachverhaltes visuell zu untermauern, um seine Aussagekraft zu intensivieren.

Diagramme hingegen visualisieren Zusammenhängen zwischen Zahlen bzw. Größen. Sind ihre Inhalte sauber recherchiert und ihre Form passend gewählt, haben sie eine hohe Aussagekraft. Häufig sind sie auf Schlüsselfolien zu finden, die die Hauptaussage einer Präsentation transportieren. Die gängigen Diagramme sind Kreis-, Säulen-, Balken-, Kurven- und Korrelationsdiagramm. Alle anderen Formen sind Varianten dieser Grundformen. Zelazny widmet sich in Teil 1 und 2 in aller Ausführlichkeit den Ausgestaltungsmöglichkeiten dieser Diagrammformen seines Buches (vgl. 2015, S. 21–146).

4.3.2 Wählen Sie die passende Form

Erkennen Sie, dass ein Schaubild oder Diagramm die passende Visualisierung ist, prüfen Sie, ob der bereits formulierte *Action Title* exakt genug ist und modifizieren ihn gegebenenfalls. Bei der Erstellung eines Schaubildes wählen Sie die Form, welche den Kern der Aussage passgenau repräsentiert. Möchten Sie etwa darstellen, dass der Weg zum Ergebnis aus verschiedenen Schritten besteht, eignet sich eine Prozess-Darstellung. Gilt es zu verdeutlichen, dass die Erfüllung eines Aspektes ein Projekt jeweils auf eine höhere Stufe hebt, ist eine treppen- oder hierarchieartige Prozess-Darstellung die richtige. Ist es Ihr Ziel darzustellen, in welchem Verhältnis verschiedene Maßnahmen zueinander stehen, schauen Sie sich in den Varianten des Beziehungs-Angebotes um. Der Zyklus schließlich bietet sich an, wenn Sie zeigen wollen, dass nacheinander gegangene Schritte wieder zum Ausgangspunkt führen. PowerPoint bietet zu allen Varianten ausreichende Wahlmöglichkeiten an.

▶ **Tipp – Wie Sie auf Nummer sicher gehen** Um auf Nummer sicher zu gehen, dass Sie das passende Schaubild gewählt haben, zeigen Sie kritische Folien mehreren Personen und bitten diese um ehrliche Einschätzung. Deuten *Action Title* und Folieninhalt unmissverständlich in dieselbe Richtung? Wird die Aufmerksamkeit der Zuschauer einwandfrei gelenkt? Welche Gedanken kommen den Probanden beim Betrachten der Folien? Unsere Wahrnehmung ist sehr subjektiv und selektiv. Welche Schlussfolgerung wir für selbstverständlich halten, kann anderen gar nicht in den Sinn kommen. Von daher: Holen Sie andere Einschätzungen ein und modifizieren Sie Ihre Visualisierung, falls nötig.

Auch bei der Auswahl des Diagramms gilt das Gebot der Achtsamkeit. Falsch gewählte Diagrammformen vermitteln eine unklare Botschaft und verwirren den Zuschauer. Abb. 4.4 zeigt Ihnen ein verlässliches Vorgehen auf dem Weg zu dem passenden Diagramm: Besinnen Sie sich zunächst auf die Aussage, die Sie treffen

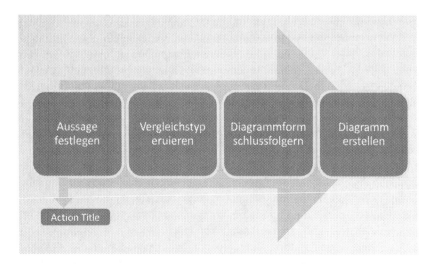

Abb. 4.4 Ein einfacher Prozess führt zum passenden Diagramm. (Quelle: Siehe Bildquellenverzeichnis am Buchende)

möchten; prüfen Sie dann, welcher der fünf möglichen Vergleichstypen diese Aussage visuell stützt und folgern schließlich, welche Diagrammform die richtige ist. Hierbei hilft Ihnen Abb. 4.5.

Hintergrund – So finden Sie den passenden Vergleich

Der Struktur-Vergleich zeigt den Anteil bestimmter Größenklassen an einer Gesamtheit (Achtung – die Ausgangsbasis muss immer 100 % sein). Während der Rangfolge-Vergleich deutlich macht, wie bestimmte Größen sich zu einem Zeitpunkt zueinander verhalten, steht der Zeitreihenvergleich für die Entwicklung von Größen über die Zeit. Der Häufigkeitsvergleich stellt dar, wie oft ein bestimmtes Objekt in aufeinanderfolgenden Größenklassen auftritt und der Korrelationsvergleich kontrastiert das Verhältnis zweier voneinander abhängiger Größen (Vgl. Zelazny 2015, S. 35–38).

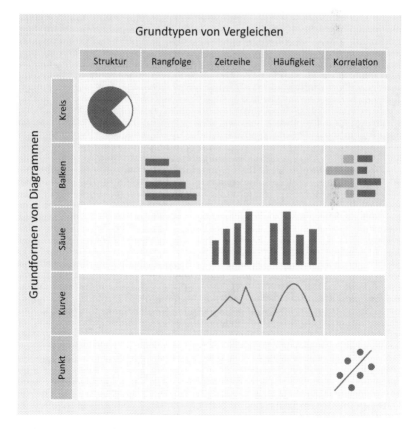

Abb. 4.5 Diese Tabelle ermöglicht eine sichere Diagrammauswahl. (Quelle: Siehe Bildquellenverzeichnis am Buchende)

4.3.3 Führen Sie Ihr Publikum

Entsprechen Folien aufgrund ihrer inhaltlichen Komplexität nicht vollumfänglich der Maßgabe *einfach, eindeutig, schnell erfassbar,* macht es Sinn, Animationseffekte zu setzen. Darauf wies ich in Abschn. 4.2.6 hin. Je komplexer nämlich eine Folie bzw. der von ihr transportierte Inhalt, umso mehr bedarf es der Führung durch den Präsentierenden. Schaubilder und Diagramme sollten also mit besonderem Bedacht enthüllt und moderiert werden. Zur Einführung in ein Diagramm gehört zuvorderst die Erläuterung der durch die Achsen repräsentierten Größen. Diese Information ist für das Verständnis des Diagramms essenziell. Liefern Sie diese nicht pro-aktiv, holt der Zuschauer sie sich im Alleingang und wendet sich mit seiner Aufmerksamkeit für einen Moment von Ihnen ab. Bauen Sie komplexe Schaubilder und Diagramme also peu à peu mit vernünftig gesetzten Animationseffekten auf, nehmen Sie Ihre Zuschauer an die Hand und führen sie sukzessive zu der anvisierten Erkenntnis. Manche Präsentierende blenden den *Action Title* einer Diagramm-Folie erst am Schluss der Moderation ein. Ich halte das für eine legitime und wirkungsstarke Möglichkeit. Ihr Publikum wird von nichts abgelenkt und weiß, dass es Ihnen aufmerksam folgen muss, wenn es verstehen will. Sie steuern dann gemeinsam auf die Hauptaussage zu und blenden diese ein, wenn es soweit ist.

> ▶ **Tipp – Warum Sie selbst Ihr Diagramm verinnerlicht haben müssen** Seien Sie sehr firm in dem, was Sie mit Ihrem Diagramm zu vermitteln suchen. Zuschauer sind an neuralgischen Punkten von Präsentationen besonders kritisch und überraschen den Präsentierenden nicht selten mit unerwarteten Fragen. Wählen Sie also stets mehrere seriöse und aktuelle Quellen, um die von Ihnen kolportierte Aussage glaubhaft untermauern zu können. Geht es um dargestellte Geldmengen, Kosten oder Investitionssummen, müssen Sie die Währung, mit der Sie arbeiten, kennen. Prüfen Sie, ob ein Umrechnen in Euro Sinn macht, damit Ihr Publikum die Aussage nachvollziehen kann. Wissen Sie zuverlässig, ob Sie von Millionen oder Milliarden sprechen (ich erwähne das aus gutem Grund…) und achten Sie darauf, verkürzte Zahlenaussagen zutreffend zu moderieren. Bedenken Sie, dass die englisch/amerikanische *billion* eine deutsche Milliarde ist u. s. w. Das Verarbeiten und Moderieren von Zahlen offenbart eine Menge an Fallstricken. Prüfen Sie sich immer wieder kritisch, damit Sie professionell, fehlerfrei und sachkundig auftreten.

4.4 Veranschaulichen Sie Zahlen und Größen

Kommt bestimmten Zahlen oder Größen im Rahmen Ihrer Präsentation eine besondere Bedeutung zu, macht es Sinn, diese auf eindringliche und nachhaltige Weise zu präsentieren. Hierfür gibt es einige Tipps und Tricks.

4.4.1 Stellen Sie einen Referenzrahmen zur Verfügung

Machen Sie sich zunächst bewusst, dass das Vorstellen absoluter Zahlen oder Größen nur Sinn macht, wenn Ihre Zuschauer sich (ohne eine Vergleichsmöglichkeit) etwas unter dieser Zahl oder Größe vorstellen können. Wissen Sie als Schüler beispielsweise, dass Ihr Gymnasium sowie die Gymnasien Ihrer beiden Nachbarstädte von jeweils 1600 Schülern besucht werden, erahnen Sie, dass ein Gymnasium mit 200 Schülern ein vergleichsweise kleines ist. Kommen Sie aber aus einem kleinen Dorf in Zentralafrika und werden einem deutschen Gymnasium mit 800 Schülern zugewiesen, können Sie nicht einschätzen, ob es sich bei dieser Schule um eine große oder kleine handelt. Sie brauchen, um sich ein Urteil bilden zu können, mindestens eine, besser mehrere Vergleichszahlen. Ein anderes Beispiel: Als Bürger einer mitteleuropäischen Stadt stufen Sie eine deutsche Dogge als einen großen Hund ein, da dieser sich maßgeblich von den meisten sichtbaren Artgenossen unterscheidet. Auf einen Inuit hingegen (der vielleicht im Nachgang an ein Forschungsprojekt nach Berlin eingeladen wurde) wirkt die deutsche Dogge möglicherweise klein, da er sie mit dem für seine Heimat typischen Tier, dem Eisbären, vergleicht. Begegnen ihm jedoch kurz darauf eine Reihe Hundebesitzer mit Dackeln und Rehpinschern, erahnt er, dass die deutsche Dogge im mitteleuropäischen Kontext ein vergleichsweise großes Tier ist. Sie merken also: Das Präsentieren absoluter Zahlen oder Größen macht nur Sinn, wenn Sie sicher wissen, dass alle Zuschauer in der Lage sind, diese in Bezug zu anderen Zahlen oder Größen einzuordnen. Ist dies nicht der Fall, müssen Sie als Präsentierender einen Referenzrahmen zur Verfügung stellen, der die entsprechende Zahl oder Größe für Ihre Zuschauer einschätzbar macht.

4.4.2 Machen Sie Zahlen durch bildhafte Vergleiche vorstellbar

Es kann darüber hinaus sehr hilfreich sein, Aussagen über Zahlen und Größen zu illustrieren, also mit einem Bild zu unterlegen. Nutzen Sie hierfür Bilder, die einfach nachvollziehbar und zugleich beeindruckend sind (Sie haben Ihr Ziel erreicht, wenn Ihre Zuschauer „Wow!" ausrufen). Möchten Sie etwa die Länge eines A380 (73 m) nachhaltig vermitteln, erläutern Sie, dass das Passagierflugzeug, auf ein Fußballfeld gestellt (105 m lang, gemäß der UEFA u. FIFA-Richtlinien), etwa von Strafraum (16,5 m) zu Strafraum reicht. Sie könnten auch sagen, dass die Maschine ungefähr die Länge von drei aneinander gereihten Blauwalen (durchschnittliche Länge: 26 m) misst. Möchten Sie Ihrem Publikum hingegen nachhaltig das enorme Gewicht eines Blauwal-Herzens vermitteln (im Durchschnitt 600 kg), so informieren Sie es darüber, dass es mit 600 kg Durchschnittsgewicht nur 300 kg weniger als ein Eisbär (ca. 900 kg) oder 400 kg weniger als ein leerer Smart Fortwo (ca. 1000 kg) wiegt.[1] Franz-Josef Strauß soll seinen Zuhörern einmal besonders eindringlich den Unterschied zwischen 1 Million und einer Milliarde DM erklärt haben: Stapelt man die 1 Million in Form von 1000 DM-Scheinen aufeinander, so entsteht ein kleiner Haufen von etwa 11 cm; stapelt man die Milliarde in Form von 1000 DM-Scheinen aufeinander, entsteht ein Haufen von 110 m (!) (vgl. Vogt 2008, S. 44). Als letztes Beispiel ziehe ich schließlich die bisher weltweit geförderte Goldmenge heran: Sie beträgt 177 200 Tonnen. Presste man diese Menge zu einem Quader zusammen, hätte dieser eine Kantenlänge von 21 m und man könnte ihn leicht unter dem unteren Sockel des Eiffelturms (56 m) unterbringen. Abb. 4.6 zeigt, wie dieser Sachverhalt auf einer Folie visualisiert werden kann.

4.4.3   Brechen Sie große Zahlen auf vorstellbare herunter

Schließlich kann es sich als sinnvoll erweisen, sehr große Zahlen oder Größen auf ein für das anwesende Publikum vorstellbare Maß herunter zu brechen. Sie werden so im wahrsten Sinne des Wortes *begreifbar*. Hören wir etwa, dass pro Jahr ca. 9 Mio. Menschen an Hunger sterben, so finden wir das erschreckend, doch berührt es uns emotional noch nicht wirklich, da die Zahl schlicht und ergreifend zu hoch für unser Vorstellungsvermögen ist. Brechen Sie die Zahl allerdings von dem Zeitraum eines Jahres auf einen Minutentakt herunter, müssten Sie Ihren Zuschauern mitteilen, dass ungefähr jede dritte Sekunde ein Mensch an Hunger stirbt. Das erschreckt dann wirklich! Erzählen Sie Ihren Zuschauern zusätzlich die bewegende Geschichte eines hungernden Menschen, geben diesem einen Namen

---

[1]Angaben wie diese, die zuverlässig und einheitlich in unzähligen Quellen per einfachem Mausklick zu finden sind, müssen schriftlich nicht zwangsläufig zitiert werden. Sie gehören eher zu allgemeinem Populärwissen als zu exzeptionellem Wissenschafts-Erkenntnissen.

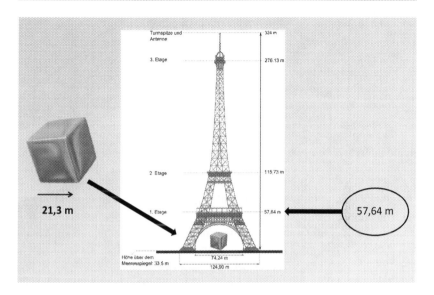

Abb. 4.6 Machen Sie Zahlen durch bildhafte Vergleiche vorstellbar. (Quelle: Siehe Bildquellenverzeichnis am Buchende)

und zeigen sein Gesicht, werden sie möglicherweise zu Tränen gerührt (und bereit) sein, Ihr Projekt zu unterstützen. Ein anderes Beispiel: Pro Tag verbraucht jeder Deutsche im Schnitt 130 l Wasser. Rechnen wir allerdings noch unseren virtuellen Wasserverbrauch hinzu, so kommen wir auf eine Gesamtmenge des täglichen Wasserverbrauchs von gut 4000 Litern. Das klingt schon nach sehr viel. Machen Sie Ihrem Publikum nun noch deutlich, dass dieser Wasserverbrauch so hoch ist, als nähme jeder Einzelne von uns pro Tag 29 Vollbäder (pro Wanne im Durchschnitt 140 l), wird der Irrsinn vollends evident.

▷ **Tipp – Wie Sie sich auf Schlaumeier vorbereiten** Ganz grundsätzlich, aber insbesondere in Bezug auf das Präsentieren von Zahlen und Größen, empfehle ich Ihnen, mit Schlaumeiern im Publikum zu rechnen. Es vergeht kein Vortrag, in dem sich nicht irgendjemand im Publikum profilieren möchte. Manche Menschen erleben einen Triumph in der Gewissheit, den *Besserwisser da vorne* ins Schlingern zu bringen. Diese Zuschauer googeln dann die exakte Länge von A 380 und Blauwal, die

Höhe des Eiffelturms und prüfen, ob Ihre Angabe zum virtuellen Wasserverbrauch sich möglicherweise aktuell schon wieder verändert hat. Seien Sie darauf gefasst, prüfen Sie Ihre Zahlen so genau wie möglich, seien Sie aber auch bereit, dem entsprechenden Zuschauer die grundsätzlich sinnhafte Idee des bildhaften Präsentierens von Zahlen und Größen zu verdeutlichen und sich nicht auf eine Diskussion um cm einzulassen.

4.5   Wiederholen Sie das Wesentliche

Bevor Sie das Ende Ihrer Präsentation einläuten, sollten Sie gemeinsam mit Ihrem Publikum zurückschauen und die wesentlichen Erkenntnisse wiederholen. Kündigen Sie Ihre Zusammenfassung vorab an – das holt auch erschöpfte Zuschauer wieder ins Geschehen zurück. Idealerweise greifen Sie nun auf Visualisierungen zurück, die Sie zuvor bereits genutzt haben. Ihre Zuschauer dürfen jetzt nur noch mit bereits Bekanntem konfrontiert werden. Beschränken Sie sich auf das Wesentliche: Ihr Vortrag muss am Ende auf drei bis maximal fünf Erkenntnisse heruntergebrochen werden. Sollten Sie zuversichtlich sein, dass Ihr Publikum Einiges mitgenommen hat, arbeiten Sie die Erkenntnisse im Dialog heraus – das ist etwas anstrengender, aber auch effektiver.

Hintergrund – So sorgt die Wiederholung für dauerhaftes Speichern
Jegliche Information „gelangt zunächst in unser Kurzzeitgedächtnis, „[…] eine Ansammlung vorübergehender Pufferspeicher mit festgelegter Kapazität und enttäuschend kurzer Lebensdauer" (Medina 2013, S. 264). Sorgt niemand für die Überführung der aufgenommenen Information in das Langzeitgedächtnis, fällt diese nach einer Weile oder nach der Aufnahme weiterer Information wieder aus dem Kurzzeitgedächtnis, auch Arbeitsspeicher genannt, heraus. Eine der wirkungsstärksten Methoden, um Informationen nachhaltig zu speichern, ist die Wiederholung. Sie sichert den naturgemäß störanfälligen Prozess der dauerhaften Speicherung von Information. Wir kennen dieses Phänomen vom Vokabellernen oder dem Verinnerlichen langer Zugangscodes oder Telefonnummern. Auch jeder, der bereits eine Sportart oder ein Musikinstrument erlernt hat, weiß um die Sinnhaftigkeit vielfacher Wiederholungen. Beide Arten von Erinnerung – eine speichert Wissen (die Vokabel oder Telefonnummer), die andere Fähigkeiten (Fahrrad- oder Skifahren) – werden in verschiedenen Speichern abgelegt: Das Wissen im deklarativen, die Fähigkeit im prozeduralen Gedächtnis (vgl. Kandel 2009, S. 151; Medina 2013, S. 111).

4.6   Verpacken Sie Ihre Präsentation originell

Ihre Präsentation ist nun fast fertig. Es fehlt nur noch ein entscheidender Baustein – die *Verpackung*. Wie ein sorgsam ausgewähltes Geschenk für einen guten Freund liegt Ihre Präsentation nun vor Ihnen und es gilt zu überlegen, in welcher Form Sie das *Präsent* am wirkungsvollsten überreichen: Sicher werden Sie es – im übertragenen Sinne – nicht in einer Plastiktüte übergeben... Welches Geschenkpapier ist also passend? Oder wäre eine Box besser? Mit Schleife oder ohne? Schlicht oder extravagant? Übergeben Sie Ihr Geschenk bei der Ankunft oder drapieren Sie es auf dem Präsent-Tisch? Viele Schenkende (und Präsentierende) versäumen es, über Verpackung und Übergabe nachzudenken. Und jeder Beschenkte (und Zuschauer) kann einige Geschichten von lieblosen Präsenten (der Wanderpokal lässt grüßen), aber auch von gar nicht so schlechten, aber unachtsam überreichten erzählen (erinnern Sie sich noch an das mit dem Preisschild?). Versäumen Sie also nicht, über die *Verpackung* Ihrer Präsentation nachzudenken und ein wenig Gestaltungs-Kreativität zu investieren. Eine achtsam gestaltete Präsentation muss ihr i-Tüpfelchen in einem mit Bedacht gestalteten Anfang und Ende finden. Verpassen Sie diese Chance nicht!

Stellen Sie also eine provokante Frage, konfrontieren Sie Ihr Publikum mit einer überraschenden Aussage, zeigen Sie ein Bild, mit dem niemand gerechnet hat, steigen Sie mit einem ungewöhnlichen Zitat ein oder erzählen eine packende Geschichte. Beginnen Sie überhaupt – mit welchem Einstieg auch immer – erst, wenn man eine Stecknadel fallen hören kann. Machen Sie Ihren Zuschauern klar, dass Sie sich nicht mit einem abgelenkten und schläfrigen Publikum zufrieden geben.

Gestalten Sie natürlich auch das Ende Ihres Vortrags bewusst und wirkungsstark. Der letzte Eindruck ist der, den Ihre Zuschauer mit nach Hause nehmen. Runden Sie also Ihr Thema ab und kommen am besten wieder dort an, wo Sie gestartet sind – meist passt es auch, die Folie, mit der Sie begonnen haben, wieder einzublenden. Am Schluss muss den Zuschauern klar werden, warum Sie mit diesem oder jenem Zitat eingestiegen sind. Die zu Beginn angerissene Geschichte kann jetzt zu Ende erzählt werden. Die provokante Frage findet eine Antwort. Das Foto ist plötzlich mit einer Geschichte unterlegt.

Beispiel – Wenn Sie wüssten, was ich in meiner Hosentasche habe

Vor über zehn Jahren begann einer unserer Studenten seine Rhetorik-Prüfung mit einem Moment der Stille. Unsere Aufmerksamkeit lag ungebrochen auf ihm, als er mit den Worten: „Meine Damen, wenn Sie wüssten, was ich in meiner Hosentasche habe…" startete. Während seiner Rede dachte ich stetig darüber nach, was er wohl in seiner Hosentasche haben könnte und lauschte gebannt. Zum Ende hin löste er das Rätsel auf: „Wissen Sie jetzt, was ich in meiner Hosentasche habe?" und zog eine Euro-Münze heraus. Darauf waren wir nicht gekommen, obwohl es im Nachhinein die einzige Möglichkeit war. Dass ich mich nach vielen Jahren immer noch so genau an diese Rede erinnere, liegt an ihrer genialen Verpackung: Sie weckte Neugier, sie eröffnete, sie rundete ab und passte inhaltlich exakt zur Rede.

Das Präsentieren

5

Sie haben bis zu dieser Stelle einen sehr großen Teil der Herausforderung bewältigt, doch wirklich gewonnen ist nichts, ehe Sie den eigentlichen Akt – das Präsentieren – erfolgreich hinter sich gebracht haben. Was Sie aus meiner Sicht bei der *Kür* zu berücksichtigen haben, lege ich Ihnen nun abschließend dar.

5.1 Erfahren Sie so viel wie möglich über die Gegebenheiten vor Ort

Kurz vor Ihrer Präsentation sollten Sie dem Ort des Geschehens Aufmerksamkeit widmen. Mein Tipp: Bringen Sie so viel wie möglich über die Rahmenbedingungen in Erfahrung und sorgen auf diese Weise für eine optimale Planung ohne vermeidbare Überraschungen. Nutzen Sie hierfür einfach die folgende Checkliste – dann kann nichts mehr schiefgehen.

- Wie viel Zeit muss ich für den entsprechenden Fahrweg und die Uhrzeit, zu der ich unterwegs sein werde, einplanen?
- Gibt es eine Parkmöglichkeit? Falls es sich um einen Unternehmensparkplatz handelt, muss ich mich zuvor anmelden?
- Blockieren zurzeit Baustellen die Zufahrt zum Unternehmen oder ist die Strecke des öffentlichen Verkehrsmittels vorübergehend ausgesetzt?
- Ist jemand vor Ort, der mich bei der Technik unterstützen kann? Falls nicht, wie viel früher darf ich in den Raum, um mich entsprechend vorzubereiten und sicher zu gehen, dass alles funktioniert?
- Steht ein Laptop zur Verfügung oder kann bzw. sollte ich mein eigenes Gerät nutzen?

© Springer Fachmedien Wiesbaden GmbH, ein Teil von Springer Nature 2018   39
A. Hüttmann, *Erfolgreiche Präsentationen mit PowerPoint,* essentials,
https://doi.org/10.1007/978-3-658-22143-0_5

- Sind der zu nutzende Laptop vor Ort und meine Präsentation kompatibel?
- Gibt es vor Ort einen Presenter und eventuell einen Adapter für meinen Laptop oder muss ich mich selbstständig um die Organisation dieser Dinge kümmern?
- Wird mir ein Getränk zur Verfügung gestellt oder muss ich dieses selbst mitbringen?
- Falls Sie z. B. einen kurzen Film zeigen, ist die Frage relevant, ob Lautsprecher vorhanden und eine entsprechende Software installiert ist.
- Falls Sie Teile Ihrer Präsentation auf einem Flipchart planen, sorgen Sie dafür, dass vernünftige Stifte vor Ort sind.
- Etc.

Der Fragenkatalog könnte natürlich noch erweitert werden. Die Grundidee, so glaube ich, ist jedoch angekommen: Klären Sie alle Eventualitäten und sorgen dafür, dass einem erfolgreichen Auftritt nichts im Weg steht. Vielleicht scheint Ihnen die eine oder andere Frage übereifrig. Doch glauben Sie mir: In den vielen Jahren, die ich bereits rund um das Präsentieren arbeite, habe ich eine Menge erlebt und kann mit Überzeugung versichern: Eine minutiöse Planung zahlt sich immer aus.

5.2   Seien Sie mehr als pünktlich

Dieser Tipp muss nicht weiter ausgeführt werden, doch aufgrund seiner Bedeutung widme ich ihm einen eigenen Unterpunkt. Planen Sie Ihre Anreise so, dass Sie mindestens eine halbe Stunde Zeit haben, bevor Ihr Vortrag beginnt. Es macht Sinn, die Funktionalität Ihrer Technik auszuprobieren, manche Vortragende prüfen in der Regel noch mal ihr Äußeres, fühlen Sie sich in die Räumlichkeit ein und knüpfen möglicherweise erste Kontakte mit dem Publikum. Frühzeitig bzw. rechtzeitig vor Ort zu sein, ist ein absolutes Muss. Es zeugt von Professionalität und gewährt vor allem Ihnen – dem oder der Vortragenden – optimale Voraussetzungen für einen gelungenen Auftritt.

5.3   Präsentieren Sie persönlich und emotional

Zu Beginn eines jeden Auftritts trennt ein imaginativer Vorhang Redner und Publikum. Wer erfolgreich präsentieren will, muss diesen Vorhang niederreißen. Nur so etablieren Sie einen guten Draht zu Ihren Zuschauern. In den seltensten Fällen begegnet Ihnen ein gut gelauntes, aufgelockertes und freundlich lächelndes

Publikum. Meist hat man es schwerer und steht vor einer stummen, kritisch dreinblickenden Menge. Lassen Sie sich auf keinen Fall einschüchtern, denn in der Regel hat der Gesichtsausdruck Ihres Publikums nichts mit Ihnen zu tun. Die Zuschauer sind oft einfach müde, befürchten eine weitere langweilige PowerPoint-Präsentation oder sind sich der positiven Wirkung eines unvoreingenommenen Lächelns nicht bewusst. Setzen Sie sich also über einen ersten Fluchtimpuls hinweg und machen sich mit Optimismus und positiver Stimmung an die Entfernung des unsichtbaren Vorhangs.

Wie gelingt Ihnen dies? Nun, indem Sie emotional, also persönlich, präsentieren. Das kommt Ihnen bekannt vor? Richtig – die positive Wirkung des emotionalen Präsentierens haben wir bereits besprochen. Zeigen Sie sich also von Ihrer persönlichen Seite – als Mensch –, nicht nur als Fachmann oder –frau für Atomenergie, Wirtschaftsrecht oder die Performance von FinTechs.

Hintergrund – So springt der Funke über
Reynolds, der in seiner Freizeit seit vielen Jahren in Jazz-Bands Schlagzeug spielt, berichtet, er habe die Kunst des Präsentierens während seiner Konzerte und nicht in Vorlesungen oder Kommunikationsseminaren gelernt. „Egal, wie ‚gut' die Musik unter technischen Gesichtspunkten ist", so Reynolds, „nur mit einer guten Verbindung zwischen Musiker und Publikum kann eine hervorragende Darbietung entstehen." Daher gehe es bei guten Präsentationen immer „[…] um eine ehrliche und aufrichtige Verbindung und einen Austausch auf intellektueller *und* emotionaler Ebene." (2013, S. 231).

Welche Möglichkeiten haben Sie? Erstens: Verbrüdern Sie sich auf humorvolle Weise mit Ihrem Publikum. Erzählen Sie von Ihrem Morgen vor dem Vortrag, von dem, was Ihre Frau oder Ihr Mann Ihnen mit auf den Weg gegeben hat oder von den großen Fragezeichen auf Ihrer Stirn, als Sie begannen, den Vortrag zu konzipieren. Sagen Sie Sätze wie „Wie lange sitzen Sie schon hier, Sie Armen? Und jetzt komme auch noch ich!" oder „Ich habe mich so sehr auf diesen Vortrag gefreut. Bin ich froh, dass es endlich losgeht!". „Wissen Sie, was mir auf meinem Weg hierher passiert ist? Sie werden das nicht glauben…", ist eine andere Variante. All dies muss authentisch gemeint und überzeugend vorgetragen sein. Selbstredend hat es gar nichts mit dem zu präsentierenden Inhalt zu tun, aber es hilft, die Herzen Ihrer Zuschauer zu gewinnen. Und nur Menschen, deren Herz erobert wurde, werden Ihnen Aufmerksamkeit schenken. Umgangssprachlich ausgedrückt: Sie müssen den Kanal freipusten, bevor sich eine Botschaft hindurch schicken lässt.

Zweitens: Lassen Sie Ihre Zuschauer Ihre Begeisterung für das Thema spüren und nehmen sie auf diese Weise für sich ein. Steigen Sie gleich mit einer spannenden Frage ein: „Raten Sie mal, wie viele Tage der Prozess einer Kreditanfrage bis zu seiner Bewilligung Ende 2016 noch dauerte?". Warten Sie dann einen

Moment, um Ihren Zuschauern Zeit zum Nachdenken zu geben. Nähern Sie sich ihnen, begleiten Sie sie im Denkprozess, sprechen Sie sie an und holen Antworten ein. Ermutigen Sie sie, einen Vorschlag zu machen, unabhängig davon, ob sie glauben, damit völlig daneben zu liegen. „Und jetzt raten Sie mal, wie viele Tage heute noch vergehen?", knüpfen Sie an Ihre initial gestellte Frage an und genießen, nachdem Sie die richtige Antwort geliefert haben, das gemeinsame Staunen. Schon sind Ihre Zuschauer mitten im Geschehen und Sie haben beste Karten, einen erfolgreichen Auftritt hinzulegen. Bleiben Sie während Ihrer gesamten Präsentation bei der Sache, stellen Sie Ihrem Publikum immer wieder Fragen, lassen Sie sie teilhaben an Ihrer Faszination. Es gibt kaum einen besseren Weg, Menschen für sich zu gewinnen.

Drittens schließlich ist es essenziell, sich Ihrem Publikum unmittelbar zu zeigen. Verstecken Sie sich niemals hinter einem Pult. Entfernen Sie trennende Tische und Stühle. Laufen Sie durch die Gänge, bewegen Sie sich durch den Raum, bleiben Sie nicht wie angewurzelt vorne stehen. Nehmen Sie eine offene Körperhaltung ein, unterstreichen mit lockerer ausladender Gestik Ihre Souveränität, sammeln Sie alle Zuschauer immer wieder mit Ihren Blicken ein. Suchen Sie sich einen Punkt vorne im Raum, der als Ihr Zentrum fungiert. Dieser ist Ihr Heimathafen, von dem Sie immer wieder neu ausschwirren, an den Sie aber auch immer wieder zurückkehren. Wagen Sie es, sich Ihrem Publikum zu zeigen – physisch, indem Sie sich Ihnen nähern und mit Ihnen in Austausch treten; – inhaltlich, indem Sie sie daran teilhaben lassen, wie faszinierend Sie Ihr Thema finden oder welche Umstände Sie zu Ihrem Vortrag gebracht haben. Wer in dieser Hinsicht mutig agiert, wird immer belohnt – von einem wachsamen und interessierten Publikum.

Hintergrund – Solche Geschichten können Sie erzählen
Gerriet Danz beschreibt in seinem Buch drei mögliche Formen von Geschichten, die der engagierte Präsentierende erzählen kann: 1) Die selbst erlebte Geschichte, 2) Die Geschichten anderer, 3) Die längst vergangene Geschichte (vgl. 2014, S. 116–124). „Wenn harte Fakten, trockene Informationen und schwer zu verdauende Nachrichten ein Gesicht bekommen, dann werden sie sichtbar, erlebbar, authentisch, nachvollziehbar […]" (2014, S. 122).

5.4   Präsentieren Sie Orientierung stiftend

Es ist wichtig, dass nicht nur Sie als Vortragender, sondern auch Ihre Zuschauer genau verstehen und vor allem optisch nachvollziehen können, welchem Ablauf Sie folgen. Wenn Sie diese beiden Punkte berücksichtigen, haben Sie schon viel für sich und Ihr Publikum erreicht. Immer wieder jedoch sollten Sie im

Hinterkopf behalten, dass Sie Ihren Zuschauern gegenüber meist einen enormen Wissensvorsprung haben – nicht nur sind Sie der inhaltliche Experte und beschäftigen sich möglicherweise seit Wochen, Monaten oder gar Jahren mit Ihrem Thema; Sie sind auch *Vater* oder *Mutter* des Präsentationsaufbaus. Sie wissen, wie Sie vorgehen werden. Ihr Publikum erfährt dies erst in dem Moment, in dem Sie dieses einweihen. Da das Verständnis einer Struktur aber so essenziell für die Orientierungsfähigkeit während eines Vortrags und das Aufnehmen von Botschaften ist, empfehle ich Ihnen, während des Präsentierens durch Ihre eigene Moderation zusätzlich einen roten Faden auszulegen und Ihrem Publikum so eine klare Sicht zu ermöglichen. Moderieren Sie also Ihre eigene Präsentation, indem Sie regelmäßig zu Ihrer Agenda zurückkehren und deutlich machen, an welcher Stelle Ihrer Gedankenkette Sie sich gerade aufhalten. Stellen Sie darüber hinaus mündlich Zusammenhänge her und arbeiten Sie für Ihr Publikum immer wieder die wesentlichen Erkenntnisse heraus. Je komplexer Ihr Vortrag, je schwerer der Stoff, umso wichtiger wird Ihre Rolle als Moderator.

▷ **Tipp – Was Sie in den Gesichtern Ihrer Zuschauer lesen können** Achten Sie in diesem Zusammenhang sensibel auf die Reaktionen Ihres Publikums. Wenn mehrere Personen rätselnd schauen, Falten auf ihrer Stirn bilden, ihr Aufmerksamkeitslevel auf Sparflamme herunterfahren, liegt das oft an quantitativer Überforderung oder mangelnder Orientierung. Manchmal fehlt auch einfach nur Sauerstoff oder das Wissen um die nächste Pause. Treten Sie in Dialog mit Ihrem Publikum, eruieren Sie, was ihnen fehlt, um wieder einzusteigen, liefern Sie nach und sammeln so verloren gegangene Geister wieder auf.

5.5 Gestalten Sie Ihr Begleitmaterial akkurat

Denken Sie daran: Jedes noch so kleine Element Ihres Auftritts wird von Ihren Zuschauern – wenn auch häufig unbewusst – gewertet. Als Präsentierender stehen Sie im wahrsten Sinne des Wortes auf dem Präsentierteller: Alles, was Sie tun oder nicht, sagen oder nicht, mitbringen oder nicht, ist für Ihre Zuschauer sichtbar oder glänzt durch Abwesenheit. Schreiben Sie beispielsweise den Namen des Unternehmens, in dem Sie gerade präsentieren, auf der Titelfolie Ihrer Präsentation falsch (Kaum zu glauben? Ich habe das schon oft erlebt), wird dieses Manko in den Köpfen Ihrer Zuschauer hängen bleiben. Steckt eines Ihrer Hosenbeine durchgängig in einem Socken, wird sich genau das in den Köpfen Ihrer

Zuschauer einnisten. Bringen Sie als Orientierungsstütze einen Haufen unordentlicher Zettel mit, wirkt das extrem unprofessionell. Sollten Sie also irgendeine Form von schriftlicher Gedankenstütze benötigen, sorgen Sie dafür, dass diese ordentlich wirkt. Entscheiden Sie sich für das Beschriften von Karteikarten und beschriften diese einseitig. Möchten Sie mit einer Metaplanwand arbeiten, bereiten Sie Ihr benötigtes Material sorgfältig vor. Am Ort des Geschehens bemerken wir unsere Unprofessionalität sofort – die Presenter-Batterien sind schwach, die Flipchart-Stifte haben kaum noch Farbe, das Flipchart-Papier ist in Mitleidenschaft gezogen, die Handouts sind nicht ordentlich getackert etc. Unterm Strich: Wir können nicht alles planen und manchmal wirkt überbordende Professionalität auch einschüchternd und die eine oder andere (nicht schwerwiegende) Chaotik gar sympathisch. Dennoch sollten wir – insbesondere bei den *big points* – alles herausholen und jede Eventualität meiden. Gilt es, den entscheidenden Auftrag zu ergattern, sich für den seit Jahren begehrten Posten zu profilieren, die Masterthesis zu verteidigen? Dann geben Sie alles: Checken Sie vom Schnürsenkel über die Presenter-Batterien bis hin zur Schleife des abschließend überreichten Produkt-Samples einfach alles und machen Sie aus Ihrem Auftritt ein unvergessliches Erlebnis – im positiven Sinne!

Beispiel – Wer adidas groß schreibt, wird nicht eingeladen

Ich sprach kürzlich mit einer sehr dynamischen jungen Frau, die – neben anderen Aktivitäten – engagiert an dem Vorankommen auf ihrer Karriereleiter bei adidas arbeitet. „Wer adidas im Anschreiben groß schreibt, den lade ich nicht zum Bewerbungsgespräch ein", so erzählte sie mir. „Wer wirklich zu uns will, der muss sich mit uns beschäftigt haben. Dazu gehört für mich auch, dass man den Namen des Unternehmens korrekt schreibt – und das gilt auch für Praktikanten." Nachvollziehbar, oder?

5.6   Planen Sie die Choreografie Ihrer Teampräsentation

Nicht selten kommt es vor, dass im Team präsentiert wird. Auch hier gilt es, einige wesentliche Dinge zu berücksichtigen, damit der Auftritt gelingt und ein rundum professioneller Eindruck entsteht. Machen Sie sich also vorab ein paar Gedanken:

- Wie wollen Sie sich kleiden?
    Diese Frage mag oberflächlich klingen, doch denken Sie daran: Der erste Eindruck zählt und auch vermeintliche Oberflächlichkeiten werden von Ihren

Zuschauern im Unterbewusstsein bewertet. Es kann übertrieben wirken, wenn Sie alle im selben Look auftauchen, aber genauso merkwürdig, wenn einer in Jeans, Sneakers und legerem Hemd und ein anderer in Anzug und Krawatte daher kommt. Sprechen Sie sich ab und überlassen dieses Detail nicht dem Zufall.

- Wie gestalten Sie die diversen Übergaben?

Besprechen Sie im Vorfeld, wie Sie sich während Ihrer Präsentation gegenseitig ablösen und halten Sie sich dann ausnahmslos an dieses Konzept. Sie können Ihre Wechsel ankündigen („Für Punkt 2 unserer Agenda übergebe ich an Laura"), Sie können dies aber natürlich auch im Stillen tun. Planen Sie auf jeden Fall Ihre verschiedenen Standpunkte im Raum und klären Sie, wo die hingehen bzw. stehen, die nicht mehr präsentieren oder ihren Part noch vor sich haben. Der Präsentierende sollte der Leinwand immer am nächsten stehen. Alles andere verwirrt.

- Was tun die, die gerade nicht aktiv sind?

Bezüglich dieses Punktes können Sie sich im Fernsehen eine Menge abgucken. Wenn zwei Personen eine Sendung moderieren, schaut der nicht-Aktive entweder den Aktiven an oder blickt ebenfalls in die Kamera. Niemals schaut er verträumt unter die Decke oder auf den Boden oder spielt mit Halsketten oder Manschettenknöpfen. Beobachten Sie einmal die Personen, die Teil einer Gruppenpräsentation sind, aber gerade nichts zu tun haben. Hier wird es abenteuerlich! Und dreimal dürfen Sie raten, wo die Aufmerksamkeit der Zuschauer hängen bleibt?

▷ **Tipp – So viel Verantwortung trägt jeder Gruppen-Präsentierende**
Ich empfehle Ihnen unbedingt, sich als Gruppenmitglied nicht nur um Ihren Präsentationspart zu kümmern. Es macht überhaupt keinen Sinn, bei Misslingen anderen die Schuld in die Schuhe zu schieben. Sofern Ihr Name auf der Liste der Vortragenden steht, ist es Ihr Job, sich im Vorfeld auch nach den Beiträgen der anderen zu erkundigen. Man wird auch Sie mit der gesamten Präsentation in Verbindung bringen. Menschen haben verschiedenste Vorstellungen von Qualität und Perfektion. Bei einer Gruppenpräsentation gilt die Devise: Vertrauen ist gut, Kontrolle ist besser! Es ist zudem unerlässlich, dass Sie die Folien gemeinsam anfertigen und nicht am Ende verschiedene, einzeln erstellte Teile zusammenbasteln. Solche Unterfangen habe ich unendliche Male in Katastrophen enden sehen.

5.7   Geben Sie die verwendeten Quellen korrekt an

Achten Sie bitte stets darauf, dass Sie zu Ihrer Präsentation ein Quellenverzeichnis anfertigen – eines von den verwendeten Inhalten, eines von möglichen Bildern, die Sie aus dem Internet gezogen haben. Machen Sie auch bereits in der Präsentation kenntlich, wo Sie sich explizit auf Dritte beziehen bzw. Schaubilder Dritter verwenden. Führen Sie diese Quellen zudem nicht ungeordnet *irgendwie* auf, sondern einheitlich nach Richtlinien. Halten Sie Ihr Quellenverzeichnis schließlich parat, damit Sie dieses auf Nachfrage vorzeigen und sich erklären können. Es gehört zu Ihrer Präsentationsausstattung wie Ihr Presenter und Ihr USB-Stick!

Schluss 6

Fassen wir noch einmal zusammen: PowerPoint ist ein sehr brauchbares Programm, mit dem wir auf unkomplizierte Weise gelungene Präsentationen erstellen können. Wichtig ist, dass wir mit konzeptioneller Arbeit beginnen und PowerPoint erst öffnen, wenn wir grundlegende Fragestellungen geklärt haben. Bei der Foliengestaltung müssen eine Reihe bestimmter Grundsätze verfolgt werden, die alle dem Ziel des Gehirn-gerechten Präsentierens dienen. Ein Foliensatz sollte z. B. homogen gestaltet sein, jede Folie darf nur eine Aussage übermitteln, jede Folienaussage muss als *Action Title* formuliert sein, Visualisierungen sollten überwiegend bildhaft gestaltet und komplexe Visualisierungen mit einfachen Animationseffekten unterlegt sein. Schließlich: Es ist nichts gewonnen, solange unser Auftritt nicht perfekt gelungen ist.

© Springer Fachmedien Wiesbaden GmbH, ein Teil von Springer Nature 2018
A. Hüttmann, *Erfolgreiche Präsentationen mit PowerPoint,* essentials,
https://doi.org/10.1007/978-3-658-22143-0_6

Was Sie aus diesem *essential* mitnehmen können

- Eine Guideline für das Erstellen einer Präsentation
- Eine Aufzählung von Empfehlungen für die Gestaltung effektiver Folien
- Tipps rund um Ihren Auftritt
- Überschaubares Hintergrundwissen und Beispiele aus der Praxis

Liebe Leserin, lieber Leser! Ich hoffe, Sie konnten wertvolle Anregungen und Tipps aus diesem *essential* mitnehmen und freue mich über Ihre Kontaktaufnahme, sollten Sie Anregungen und/oder Fragen haben.

Mit herzlichem Gruß
Andrea Hüttmann

© Springer Fachmedien Wiesbaden GmbH, ein Teil von Springer Nature 2018   49
A. Hüttmann, *Erfolgreiche Präsentationen mit PowerPoint,* essentials,
https://doi.org/10.1007/978-3-658-22143-0

Bildquellenverzeichnis

Abb. –Nr.	Link
2.1	http://www.simplyscience.ch/tl_files/content/Teens/Lies%20nach!/Archiv/2013/Brain%20Bus%20%20Unser%20Gehirn/Titelbild_Unser%20Gehirn.jpg [letztes Abrufdatum: 03.04.2014] https://de.freepik.com/freie-ikonen/auf-facebook-mogen-daumen-nach-unten-symbol-umriss_709177.htm [letztes Abrufdatum: 21.02.2018]
2.2	http://www.berliner-zeitung.de/image/25781150/2x1/940/470/f02d71131a724 7f7af36819d4d779c98/zN/thinkstockphotos-516390306.jpg [letztes Abrufdatum: 18.10.2017] https://t3.ftcdn.net/jpg/01/12/86/06/240_F_112860658_c0vlGKU4t7Vu2p8T-p5C976SVK9cn8wFa.jpg [letztes Abrufdatum: 18.10.2017]
3.2	https://de.wikipedia.org/wiki/Echte_Walnuss#/media/File:Schnitt_durch_Walnuss.jpg [letztes Abrufdatum: 28.02.2018] http://www.eurotops.de/out/pictures/1/35093_nostalgie-wecker_mit_funkuhrwerk_p1.jpg [letztes Abrufdatum: 28.10.2011] http://azubiatmin.de/uploads/pics/rotes_M%C3%A4nnchen_im_Publikum_klein_01.jpg [letztes Abrufdatum: 28.10.2011]
4.1	Diese Folie entstammt einer Präsentation, die im Frühjahr 2017 an der accadis Hochschule im Rahmen des Master-Studium-Moduls *International Leadership* gehalten wurde. Ihr Gestalter war Jascha Hensel
4.2	Diese Folie entstammt einer Präsentation, die im Frühjahr 2017 an der accadis Hochschule im Rahmen eines Consulting-Projektes für die DER Touristik in Frankfurt/M. gehalten wurde. Ihre Gestalterin war Marleen Haselhorst https://upload.wikimedia.org/wikipedia/commons/thumb/f/f8/DER_Touristik_logo.svg/1167pxDER_Touristik_logo.svg.png [letztes Abrufdatum: 2017-März-21] http://www.marketingmyjourney.com/images/socialmediasign.png [letztes Abrufdatum: 16.03.2017]

© Springer Fachmedien Wiesbaden GmbH, ein Teil von Springer Nature 2018
A. Hüttmann, *Erfolgreiche Präsentationen mit PowerPoint, essentials,*
https://doi.org/10.1007/978-3-658-22143-0

Abb. –Nr.	Link
4.3	Diese Folie entstammt einer Präsentation, die im Frühjahr 2017 an der accadis Hochschule Rahmen des Master-Studium-Moduls *Consumer Genetics* gehalten wurde. Ihr Gestalter war Jascha Hensel https://hecticparents.com/tag/habits/ [letztes Abrufdatum 13.03.2018]
4.4	Eigene Darstellung in Anlehnung an Zelazny 2015, S. 34
4.5	Eigene Darstellung in Anlehnung an Zelazny 2015, S. 41
4.6	https://upload.wikimedia.org/wikipedia/commons/d/d2/Skizze_Eiffelturm_-_technische_Daten.png [letztes Abrufdatum: 17.07.2015] http://www.fondsprofessionell.de/upload/newsgallery/1014605/1396005058_gold.jpg [letztes Abrufdatum: 17.07.2015] https://www.gold.de/artikel/goldmengen-wie-gross-ist-goldwuerfel-wirklich/ [letztes Abrufdatum: 27.03.2018]

Weiterführende Literatur

Das folgende Literaturverzeichnis enthält sowohl Werke, aus denen ich im vorliegenden *essential* zitiert habe, als auch solche, die ich darüber hinaus als empfehlenswert erachte. Zu den meisten hänge ich einen kleinen Bericht an, der meinen Blick auf das Buch umschreibt.

Danz G (2014) Neu präsentieren (2. aktualisierte Auflage). Campus Verlag, Frankfurt am Main

Wer Präsentationen neu denken möchte und beruflich genügend Freiheit hat, jenseits der Spur zu fahren, darf sich dieses Buch nicht entgehen lassen. Natürlich ist es auch etwas für „normale" Menschen, die frischen Esprit suchen und ihre Vorträge einfach aufpeppen, die der Langeweile entkommen und wirkungsvoll auftreten möchten. Danz setzt es sich zum Ziel, erfolgserprobte Methoden aus der Werbung auf das Präsentieren zu übertragen. Dabei gelingt es ihm bereits mit dem Inhaltsverzeichnis, Lust zu machen. Dort ist die Rede von „pinker Luft für schwarze Zahlen", „30 Chili-Ideen" und „Quermachern". Die behandelten Tipps unterscheiden sich im inhaltlichen Kern nicht wesentlich von denen anderer Präsentationsratgeber; die Methode jedoch ist eine andere und setzt in allen Belangen auf Kreativität.

Kandel E (2007) Auf der Suche nach dem Gedächtnis: Die Entstehung einer neuen Wissenschaft des Geistes. Pantheon Verlag, München

Kandels Buch hat mich zutiefst fasziniert, obwohl ich bis dato ein unbeschriebenes Blatt in Sachen Neurowissenschaften war. Entgegen meiner Erwartungshaltung – immerhin stammt das Buch aus der Feder eines Nobelpreisträgers – ist es erstaunlich gut zu lesen. Hin und wieder kann man sehr komplizierte und detaillierte Passagen überspringen. In Summe ist es aber gut zugänglich und hoch interessant. Wie unsere Gehirne, unser Gedächtnis, unser Erinnerungsvermögen funktionieren und wie die Forschung sich ihre Erkenntnisse erarbeitet, ist so faszinierend, dass ich das eine oder andere Schulfach gerne zugunsten dieses Fachgebietes beiseiteschieben würde.

© Springer Fachmedien Wiesbaden GmbH, ein Teil von Springer Nature 2018
A. Hüttmann, *Erfolgreiche Präsentationen mit PowerPoint*, essentials,
https://doi.org/10.1007/978-3-658-22143-0

Kushner M (2011): Erfolgreich präsentieren für Dummies (3. überarbeitete Auflage). WILEY- VCH Verlag, Weinheim

Kushners Buch aus der beliebten Dummy-Reihe ist eine Art Bibel für Menschen, die ganz neu in das Thema starten und viel Zeit haben, sich umfassend zu informieren. Auf der anderen Seite eignet es sich als Nachschlagewerk für alte Hasen oder solche, die einfach mal wieder frische Impulse gewinnen möchten. Wer häufig präsentiert, sollte dieses Werk zu Hause haben und gelegentlich in ihm schmökern. Es ist ansprechend und übersichtlich aufbereitet und eignet sich von daher perfekt für das Etappenlesen. Wie der Klappentext verspricht, ist das Buch ein „Rundum-Sorglos-Paket für sicheres Präsentieren".

Medina J (2013) Gehirn und Erfolg: 12 Regeln für Schule, Beruf und Alltag (1. Auflage 2009, unveränderter Nachdruck 2013). Springer Spektrum, Heidelberg

Der amerikanische Entwicklungsbiologe und Direktor des *Brain Center for Applied Learning Research* an der Seattle Pacific University hat mit *Gehirn und Erfolg* ein wunderbares Buch geschrieben. In ihm erläutert er eine Menge neurowissenschaftlicher Erkenntnisse auf verständliche Weise und legt humorvoll den eigentlich traurigen Tatbestand dar, dass unsere Art zu unterrichten diesen Erkenntnissen größtenteils widerspricht.

Mück F, Zimmer J (2017) Der TED-Effekt – Wie man perfekt visuell präsentiert. Redline Verlag, München

Das Buch der beiden Rhetorikexperten und passionierten TED-Talker (so steht es im Klappentext) gibt, wie alle anderen genannten Ratgeber auch, eine sehr gute Anleitung für das Erstellen von Präsentationen. Auch in *Der TED-Effekt* spielen Aspekte wie die konzeptionelle Vorbereitung, das Erzählen von Geschichten und das Gestalten effektiver Folien eine entscheidende Rolle. Darüber hinaus aber eignet es sich insbesondere für Menschen, die in ihren Unternehmen auch für die Verbreitung von Botschaften über das Internet verantwortlich sind, die Videos konzipieren oder sogar selbst in ihnen agieren. All jene können von den beiden Experten eine Menge lernen und auf erfolgserprobte Tipps zurückgreifen.

Pöhm M (2006) Präsentieren Sie noch oder faszinieren Sie schon? Der Irrtum PowerPoint. mvgVerlag, Heidelberg

Matthias Pöhms Buch las ich zu Beginn meiner Lehrzeit an der accadis Hochschule und es hat meine Art, Präsentationstechniken zu unterrichten, fundamental verändert. Pöhm war Mitte der 2000er seiner Zeit voraus, indem er darauf hinwies, wie uneffektiv die meisten PowerPoint-Präsentationen daher kamen. Auf seine unvergleichlich provokante und aufrüttelnde Weise brach er mit gängigen Vorstellungen und machte den Akteuren klar, dass der Mensch in den Mittelpunkt musste, dass Folien weitgehend leer zu sein hatten und dass PowerPoint auch getrost hier und da über Bord geworfen werden konnte bzw. sollte. Inzwischen hat Pöhm im Eigenverlag eine Neuauflage des Buches herausgebracht. Ich zitiere aus dem Werk, das ich seit 2006 nutze, da die Empfehlungen heute nach wie vor von hoher Aktualität sind. An dieser Stelle möchte ich noch darauf hinweisen, dass ich nicht mit allen von Pöhms Empfehlungen übereinstimme. Für meinen Geschmack ist er in Teilen zu radikal und schlittert bisweilen an der Unternehmensrealität vorbei. Zum Wachrütteln taugen allerdings auch seine provokanten Vorschläge („Auf einer Folie hat das Firmenlogo nichts zu suchen." (S. 38)).

Reynolds G (2013) Zen oder die Kunst der Präsentation (2. überarbeitete u. aktualisierte Auflage). dpunkt Verlag, Heidelberg

Ich habe Garr Reynolds Buch erst vergangenes Jahr gelesen, nachdem ich bereits viele Jahre das Präsentieren unterrichtete. Interessanterweise fand ich sehr viele Aussagen, die ich meinen Studierenden mitgebe, in seinem Buch teilweise wörtlich wieder und kann es von daher wärmstens empfehlen. Zudem ist es ein kleines Kunstwerk, enthält viele tolle Fotos, arbeitet mit einem besonderen Layout und zeigt unzählige Folienbeispiele. Es eignet sich also auch zum *Schmökern* und weniger als Guideline für Leute mit wenig Zeit.

Schulenburg N (2018) Exzellent präsentieren – Die Psychologie erfolgreicher Ideenvermittlung – Werkzeuge und Techniken für herausragende Präsentationen. Springer Gabler Verlag, Wiesbaden

Das gerade erschienene Werk von Nils Schulenburg unterscheidet sich fundamental von allen anderen hier genannten Ratgebern zum Thema Präsentation, wenn es auch dasselbe Ziel verfolgt: Den Leser zum herausragenden Präsentieren zu befähigen. Schulenburgs Ansatz ist ein wissenschaftlicher – er will überzeugen, indem er sauber recherchiert und nachvollziehbar begründet. Mir gefällt das Buch sehr gut und ich empfehle es jedem, der vor allem nicht nur selbst präsentieren, sondern in erster Linie andere dazu befähigen will, dies zu tun. In Zeiten von Übersichtsdarstellungen und Kompaktratgebern kann man dieses Buch als Antipode nur hochhalten. Der übersichtliche Werkzeugkoffer bietet schließlich auch die Möglichkeit, das Buch in Episoden zu lesen, indem man sich jeweils wenige Werkzeuge zur Lektüre herausgreift.

Vogt R (2008) So können Sie „nackte" Zahlen vorstellbar machen. Kommunikation & Seminar 3/2008.

Zelazny G (2015) Wie aus Zahlen Bilder werden: Der Weg zur visuellen Kommunikation – Daten überzeugend präsentieren (1. Auflage 1986), Springer Gabler, Wiesbaden

Wie aus Zahlen Bilder werden ist ein Klassiker, ein absolutes Muss für Menschen, die im täglichen Leben mit der Aufarbeitung von Zahlenmaterial zu tun haben. Bei aller inhaltlichen Komplexität und Vielseitigkeit in den gezeigten Anwendungsbereichen ist es einfach geschrieben und mit unzähligen Abbildungen und Beispielen gespickt. Dieses Buch sollte im Regal jedes Unternehmensberaters stehen. Es eignet sich aus meiner Sicht unbedingt für Dozenten und Lehrer, die mit einwandfrei aufgebauten Diagrammen punkten möchten.

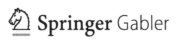

Printed in the United States
By Bookmasters